PRÉFACE

I0145177

La collection de guides de conversation "Tout ira bien!", publié par T&P Books, est conçue pour les gens qui voyagent par affaire ou par plaisir. Les guides de conversations contiennent le plus important - l'essentiel pour la communication de base. Il s'agit d'une série indispensable de phrases pour survivre à l'étranger.

Ce guide de conversation vous aidera dans la plupart des cas où vous devez demander quelque chose, trouver une direction, découvrir le prix d'un souvenir, etc. Il peut aussi résoudre des situations de communication difficile lorsque la gesticulation n'aide pas.

Le livre contient beaucoup de phrases qui ont été groupées par thèmes. Vous trouverez aussi un vocabulaire des 3000 mots les plus couramment utilisés. Une autre section du guide contient un glossaire gastronomique qui peut être utile lorsque vous faites le marché ou commandez des plats au restaurant.

Emmenez avec vous un guide de conversation "Tout ira bien!" sur la route et vous aurez un compagnon de voyage irremplaçable qui vous aidera à vous sortir de toutes les situations et vous enseignera à ne pas avoir peur de parler aux étrangers.

TABLE DES MATIÈRES

T&P Books Publishing

Collection de guides de conversation
"Tout ira bien!"

T&P Books Publishing

GUIDE DE CONVERSATION

CHINOIS

Par Andrey Taranov

LES PHRASES LES PLUS UTILES

Ce guide de conversation contient les phrases et les questions les plus communes et nécessaires pour communiquer avec des étrangers

T&P BOOKS

Guide de conversation + dictionnaire de 3000 mots

Guide de conversation Français-Chinois et vocabulaire thématique de 3000 mots

Par Andrey Taranov

La collection de guides de conversation "Tout ira bien!", publiée par T&P Books, est conçue pour les gens qui voyagent par affaire ou par plaisir. Les guides contiennent l'essentiel pour la communication de base. Il s'agit d'une série indispensable de phrases pour "survivre" à l'étranger.

Ce livre inclut un dictionnaire thématique qui contient près de 3000 des mots les plus fréquemment utilisés. Une autre section du guide contient un glossaire gastronomique qui peut être utile lorsque vous faites le marché ou commandez des plats au restaurant.

T&P Books Publishing
www.tpbooks.com

ISBN: 978-1-78492-552-9

Ce livre existe également en format électronique.
Pour plus d'informations, veuillez consulter notre site: www.tpbooks.com
ou rendez-vous sur ceux des grandes librairies en ligne.

PRONONCIATION

Lettre	Exemple en chinois	Alphabet phonétique T&P	Exemple en français
a	tóufa	[a]	classe
ai	hǎi	[aı]	mosaïque
an	bèipàn	[an]	ananas
ang	pīncháng	[ɑ̃]	dentiste
ao	gǎnmào	[aʊ]	knock-down
b	Bànfǎ	[p]	panama
c	cǎo	[tsh]	ts+h aspiré
ch	chē	[tʃh]	tch aspiré
d	dīdá	[t]	tennis
e	dēngjì	[ɛ]	faire
ei	běihǎi	[eı]	effrayer
en	xúnwèn	[ə]	record
eng	bēngkuì	[ə̃]	musicien
er	érzi	[ɛr]	mériter
f	fǎyuàn	[f]	formule
g	gōnglǚ	[k]	bocal
h	hǎitún	[h]	h aspiré
i	fēijī	[i:]	industrie
ia	jiā	[jɑ]	familial
ian	kànjiàn	[jʌn]	pianiste
ie	jiéyuē	[je]	conseiller
in	cónglín	[i:n]	piscine
j	jǐqì	[tɕ]	Tchèque
k	kuàilè	[kh]	k + h aspiré
l	lúnzi	[l]	vélo
m	hémǎ	[m]	minéral
n	nǐ hǎo	[n]	ananas
o	yǐbō	[ɔ]	robinet
ong	chénggōng	[ü]	un demi-tour
ou	běiměizhōu	[ɔʊ]	anglais - rose, russe - ноутбук
p	pào	[ph]	p aspiré
q	qiáo	[tɕh]	anglais - cheer, russe - чтение
r	rè	[ʒ]	jeunesse
s	sàipǎo	[s]	syndicat
sh	shǎsǐ	[ʃ]	machine

Lettre	Exemple en chinois	Alphabet phonétique T&P	Exemple en français
t	tūrán	[th]	t aspiré
u	dáfù	[u], [ʊ]	trou
ua	chuán	[ua]	voie
un	yúchǔn	[uːn], [ʊn]	clown
ü	lǚxíng	[y]	Portugal
ün	shēnyùn	[jun]	punir
uo	zuòwèi	[uɔ]	duo
w	wùzhì	[w]	iguane
x	xiǎo	[ɕ]	chiffre
z	zérèn	[ts]	gratte-ciel
zh	zhǎo	[dʒ]	adjoint

Remarques

.

Premier ton (ton égal)
Avec le premier ton, le timbre de la voix reste égal et légèrement haut en prononçant la syllabe. Exemple : mā
Deuxième ton (ton montant)
Avec le deuxième ton, le timbre de la voix monte légèrement en prononçant la syllabe. Exemple : má
Troisième ton (ton bas, descendant / puis montant)
Avec le troisième ton, le timbre de la voix descend et remonte en prononçant la même syllabe. Exemple : mǎ
Quatrième ton (ton descendant)
Avec le quatrième ton, le timbre de la voix baisse brusquement en prononçant la syllabe. Exemple : mà
Cinquième ton (ton neutre)
Avec le ton neutre, le timbre de la voix dépend du mot, mais la prononciation est généralement plus brève et plus douce que pour les autres syllabes. Exemple : ma

LISTE DES ABRÉVIATIONS

Abréviations en français

adj	-	adjective
adv	-	adverbe
anim.	-	animé
conj	-	conjonction
dénombr.	-	dénombrable
etc.	-	et cetera
f	-	nom féminin
f pl	-	féminin pluriel
fam.	-	familiar
fem.	-	féminin
form.	-	formal
inanim.	-	inanimé
indénombr.	-	indénombrable
m	-	nom masculin
m pl	-	masculin pluriel
m, f	-	masculin, féminin
masc.	-	masculin
math	-	mathematics
mil.	-	militaire
pl	-	pluriel
prep	-	préposition
pron	-	pronom
qch	-	quelque chose
qn	-	quelqu'un
sing.	-	singulier
v aux	-	verbe auxiliaire
v imp	-	verbe impersonnel
vi	-	verbe intransitif
vi, vt	-	verbe intransitif, transitif
vp	-	verbe pronominal
vt	-	verbe transitif

GUIDE DE CONVERSATION CHINOIS

Cette section contient
des phrases importantes
qui peuvent être utiles dans
des situations courantes.
Le guide vous aidera
à demander des directions,
clarifier le prix, acheter
des billets et commander
des plats au restaurant

T&P Books Publishing

CONTENU DU GUIDE
DE CONVERSATION

T&P Books Publishing

Les essentiels

Excusez-moi, ...	请问，… [qǐngwèn, ...]
Bonjour	你好。｜你们好。 [nǐ hǎo｜nǐmen hǎo]
Merci	谢谢。 [xièxiè]
Au revoir	再见。 [zàijiàn]
Oui	是的。 [shì de]
Non	不 [bù]
Je ne sais pas.	我不知道。 [wǒ bù zhīdào]
Où? ｜ Où? ｜ Quand?	哪里？｜到哪里？｜什么时候？ [nǎlǐ?｜dào nǎlǐ?｜shénme shíhòu?]

J'ai besoin de ...	我需要… [wǒ xūyào ...]
Je veux ...	我想要… [wǒ xiǎng yào ...]
Avez-vous ... ?	您有…吗？ [nín yǒu ... ma?]
Est-ce qu'il y a ... ici?	这里有…吗？ [zhè li yǒu ... ma?]
Puis-je ... ?	我可以…吗？ [wǒ kěyǐ ... ma?]
s'il vous plaît (pour une demande)	请 [qǐng]

Je cherche ...	我在找… [wǒ zài zhǎo ...]
les toilettes	休息室 [xiūxí shì]
un distributeur	银行取款机 [yínháng qǔkuǎn jī]
une pharmacie	药店 [yàodiàn]
l'hôpital	医院 [yīyuàn]
le commissariat de police	警察局 [jǐngchá jú]
une station de métro	地铁 [dìtiě]

| un taxi | 出租车
[chūzū chē] |
| la gare | 火车站
[huǒchē zhàn] |

Je m'appelle ...	我叫… [wǒ jiào …]
Comment vous appelez-vous?	您叫什么名字？ [nín jiào shénme míngzì?]
Aidez-moi, s'il vous plaît.	请帮助我。 [qǐng bāngzhù wǒ]
J'ai un problème.	我有麻烦了。 [wǒ yǒu máfanle]
Je ne me sens pas bien.	我感觉不舒服。 [wǒ gǎnjué bú shūfú]
Appelez une ambulance!	叫救护车！ [jiào jiùhù chē!]
Puis-je faire un appel?	我可以打个电话吗？ [wǒ kěyǐ dǎ gè diànhuà ma?]

| Excusez-moi. | 对不起。
[duìbùqǐ] |
| Je vous en prie. | 不客气。
[bù kèqì] |

je, moi	我 [wǒ]
tu, toi	你 [nǐ]
il	他 [tā]
elle	她 [tā]
ils	他们 [tāmen]
elles	她们 [tāmen]
nous	我们 [wǒmen]
vous	你们 [nǐmen]
Vous	您 [nín]

ENTRÉE	入口 [rùkǒu]
SORTIE	出口 [chūkǒu]
HORS SERVICE	EN PANNE	故障 [gùzhàng]
FERMÉ	关门 [guānmén]

OUVERT	开门
	[kāimén]
POUR LES FEMMES	女士专用
	[nǚshì zhuānyòng]
POUR LES HOMMES	男士专用
	[nánshì zhuānyòng]

Questions

Où? (lieu)	在哪里？ [zài nǎlǐ?]
Où? (direction)	到哪里？ [dào nǎlǐ?]
D'où?	从哪里？ [cóng nǎlǐ?]
Pourquoi?	为什么？ [wèi shénme?]
Pour quelle raison?	为了什么？ [wèile shénme?]
Quand?	什么时候？ [shénme shíhòu?]
Combien de temps?	多长时间？ [duō cháng shíjiān?]
À quelle heure?	几点？ [jǐ diǎn?]
C'est combien?	多少？ [duōshǎo?]
Avez-vous … ?	您有···吗？ [nín yǒu … ma?]
Où est …, s'il vous plaît?	···在哪里？ [… zài nǎlǐ?]
Quelle heure est-il?	几点了？ [jǐ diǎnle?]
Puis-je faire un appel?	我可以打个电话吗？ [wǒ kěyǐ dǎ gè diànhuà ma?]
Qui est là?	谁啊？ [shuí a?]
Puis-je fumer ici?	我能在这里吸烟吗？ [wǒ néng zài zhèlǐ xīyān ma?]
Puis-je …?	我可以···吗？ [wǒ kěyǐ … ma?]

Besoins

Je voudrais …	我想··· [wǒ xiǎng …]
Je ne veux pas …	我不想··· [wǒ bùxiǎng …]
J'ai soif.	我渴了。 [wǒ kěle]
Je veux dormir.	我想睡觉。 [wǒ xiǎng shuìjiào]
Je veux …	我想要··· [wǒ xiǎng yào …]
me laver	洗脸 [xǐliǎn]
brosser mes dents	刷牙 [shuāyá]
me reposer un instant	休息一会 [xiūxí yī huǐ]
changer de vêtements	换衣服 [huàn yīfú]
retourner à l'hôtel	回旅店 [huí lǚdiàn]
acheter …	去买 [qù mǎi]
aller à …	去··· [qù …]
visiter …	去参观··· [qù cānguān …]
rencontrer …	去见··· [qù jiàn …]
faire un appel	去打电话 [qù dǎ diànhuà]
Je suis fatigué /fatiguée/	我累了。 [wǒ lèile]
Nous sommes fatigués /fatiguées/	我们累了。 [wǒmen lèile]
J'ai froid.	我冷。 [wǒ lěng]
J'ai chaud.	我热。 [wǒ rè]
Je suis bien.	我很好。 [wǒ hěn hǎo]

Il me faut faire un appel.

我需要打个电话。
[wǒ xūyào dǎ gè diànhuà]

J'ai besoin d'aller aux toilettes.

我要去厕所。
[wǒ yào qù cèsuǒ]

Il faut que j'aille.

我必须得走了。
[wǒ bìxū dé zǒuliǎo]

Je dois partir maintenant.

我现在得走了。
[wǒ xiànzài dé zǒuliǎo]

Comment demander la direction

Excusez-moi, ...	请问，··· [qǐngwèn, ...]
Où est ..., s'il vous plaît?	···在哪里? [... zài nǎlǐ?]
Dans quelle direction est ... ?	去···怎么走? [qù ... zěnme zǒu?]
Pouvez-vous m'aider, s'il vous plaît ?	请帮助我。 [qǐng bāngzhù wǒ]
Je cherche ...	我在找··· [wǒ zài zhǎo ...]
La sortie, s'il vous plaît?	我在找出口。 [wǒ zài zhǎo chūkǒu]
Je vais à ...	我要去··· [wǒ yào qù ...]
C'est la bonne direction pour ...?	这是去···的路吗? [zhè shì qù ... de lù ma?]
C'est loin?	那里远吗? [nàlǐ yuǎn ma?]
Est-ce que je peux y aller à pied?	我能走路去那里吗? [wǒ néng zǒulù qù nàlǐ ma?]
Pouvez-vous me le montrer sur la carte?	能在地图上指出来吗? [néng zài dìtú shàng zhǐchū lái ma?]
Montrez-moi où sommes-nous, s'il vous plaît.	告诉我我们现在的位置。 [gàosù wǒ wǒmen xiànzài de wèizhì]
Ici	这里 [zhèlǐ]
Là-bas	那里 [nàlǐ]
Par ici	到这里来 [dào zhèlǐ lái]
Tournez à droite.	右转。 [yòu zhuǎn]
Tournez à gauche.	左转。 [zuǒ zhuǎn]
Prenez la première (deuxième, troisième) rue.	第一（第二、第三）个转弯 [dì yī (dì èr, dì sān) gè zhuǎnwān]
à droite	向右 [xiàng yòu]

à gauche

向左
[xiàng zuǒ]

Continuez tout droit.

一直往前走。
[yīzhí wǎng qián zǒu]

Affiches, Pancartes

BIENVENUE!	欢迎光临 [huānyíng guānglín]
ENTRÉE	入口 [rùkǒu]
SORTIE	出口 [chūkǒu]

POUSSEZ	推 [tuī]
TIREZ	拉 [lā]
OUVERT	开门 [kāimén]
FERMÉ	关门 [guānmén]

POUR LES FEMMES	女士专用 [nǚshì zhuānyòng]
POUR LES HOMMES	男士专用 [nánshì zhuānyòng]
MESSIEURS (M)	男厕所 [nán cèsuǒ]
FEMMES (F)	女厕所 [nǚ cèsuǒ]

RABAIS | SOLDES	折扣 [zhékòu]
PROMOTION	销售 [xiāoshòu]
GRATUIT	免费! [miǎnfèi!]
NOUVEAU!	新品! [xīnpǐn!]
ATTENTION!	注意! [zhùyì!]

COMPLET	客满 [kè mǎn]
RÉSERVÉ	留座 [liú zuò]
ADMINISTRATION	行政部门 [xíngzhèng bùmén]
PERSONNEL SEULEMENT	员工通道 [yuángōng tōngdào]

ATTENTION AU CHIEN!　　　　当心有狗！
　　　　　　　　　　　　　　[dāngxīn yǒu gǒu!]

NE PAS FUMER!　　　　　　禁止吸烟
　　　　　　　　　　　　　　[jìnzhǐ xīyān]

NE PAS TOUCHER!　　　　　禁止触摸
　　　　　　　　　　　　　　[jìnzhǐ chùmō]

DANGEREUX　　　　　　　　危险
　　　　　　　　　　　　　　[wéixiǎn]

DANGER　　　　　　　　　　危险
　　　　　　　　　　　　　　[wéixiǎn]

HAUTE TENSION　　　　　　高压危险
　　　　　　　　　　　　　　[gāoyā wéixiǎn]

BAIGNADE INTERDITE!　　　禁止游泳
　　　　　　　　　　　　　　[jìnzhǐ yóuyǒng]

HORS SERVICE | EN PANNE　故障
　　　　　　　　　　　　　　[gùzhàng]

INFLAMMABLE　　　　　　　易燃品
　　　　　　　　　　　　　　[yì rán pǐn]

INTERDIT　　　　　　　　　禁止
　　　　　　　　　　　　　　[jìnzhǐ]

ENTRÉE INTERDITE!　　　　禁止通行
　　　　　　　　　　　　　　[jìnzhǐ tōng xíng]

PEINTURE FRAÎCHE　　　　油漆未干
　　　　　　　　　　　　　　[yóuqī wèi gān]

FERMÉ POUR TRAVAUX　　装修-暂停营业
　　　　　　　　　　　　　　[zhuāngxiū-zàntíng yíngyè]

TRAVAUX EN COURS　　　　前方施工
　　　　　　　　　　　　　　[qiánfāng shīgōng]

DÉVIATION　　　　　　　　绕行
　　　　　　　　　　　　　　[rào xíng]

Transport - Phrases générales

avion	飞机	[fēijī]
train	火车	[huǒchē]
bus, autobus	公交车	[gōngjiāo chē]
ferry	渡轮	[dùlún]
taxi	出租车	[chūzū chē]
voiture	汽车	[qìchē]

horaire	时刻表	[shíkè biǎo]
Où puis-je voir l'horaire?	在哪里可以看到时刻表?	[zài nǎlǐ kěyǐ kàn dào shíkè biǎo?]
jours ouvrables	工作日	[gōngzuòrì]
jours non ouvrables	休息日	[xiūxírì]
jours fériés	节假日	[jiéjiàrì]

DÉPART	出发	[chūfā]
ARRIVÉE	到达	[dàodá]
RETARDÉE	延迟	[yánchí]
ANNULÉE	取消	[qǔxiāo]

prochain (train, etc.)	下一班	[xià yī bān]
premier	第一班	[dì yī bān]
dernier	最后一班	[zuìhòu yī bān]

À quelle heure est le prochain ...?	下一班…是几点?	[xià yī bān ... shì jǐ diǎn?]
À quelle heure est le premier ...?	第一班…是几点?	[dì yī bān ... shì jǐ diǎn?]

À quelle heure est le dernier …? 　　最后一班···是几点？
　　　　　　　　　　　　　　　　　[zuìhòu yī bān … shì jǐ diǎn?]

correspondance 　　　　　　　　换乘
　　　　　　　　　　　　　　　　　[huàn chéng]

prendre la correspondance 　　　换乘
　　　　　　　　　　　　　　　　　[huàn chéng]

Dois-je prendre la correspondance? 　我中途需要换乘吗？
　　　　　　　　　　　　　　　　　[wǒ zhōngtú xūyào huàn chéng ma?]

Acheter un billet

Où puis-je acheter des billets?	到哪里买票？ [dào nǎlǐ mǎi piào?]
billet	票 [piào]
acheter un billet	去买一张票 [qù mǎi yī zhāng piào]
le prix d'un billet	票价 [piào jià]
Pour aller où?	到哪里？ [dào nǎlǐ?]
Quelle destination?	到哪站？ [dào nǎ zhàn?]
Je voudrais …	我要… [wǒ yào …]
un billet	1张票 [yì zhāng piào]
deux billets	2张票 [liǎng zhāng piào]
trois billets	3张票 [sān zhāng piào]
aller simple	单程 [dānchéng]
aller-retour	往返 [wǎngfǎn]
première classe	一等座 [yī děng zuò]
classe économique	二等座 [èr děng zuò]
aujourd'hui	今天 [jīntiān]
demain	明天 [míngtiān]
après-demain	后天 [hòutiān]
dans la matinée	上午 [shàngwǔ]
l'après-midi	中午 [zhōngwǔ]
dans la soirée	晚间 [wǎnjiān]

siège côté couloir

靠过道座位
[kào guòdào zuòwèi]

siège côté fenêtre

靠窗座位
[kào chuāng zuòwèi]

C'est combien?

多少钱?
[duōshǎo qián?]

Puis-je payer avec la carte?

我能用信用卡付款吗?
[wǒ néng yòng xìnyòngkǎ fùkuǎn ma?]

L'autobus

bus, autobus	公交车 [gōngjiāo chē]
autocar	长途客车 [chángtú kèchē]
arrêt d'autobus	巴士站 [bāshì zhàn]
Où est l'arrêt d'autobus le plus proche?	最近的巴士站在哪里？ [zuìjìn de bāshì zhàn zài nǎlǐ?]
numéro	号码 [hàomǎ]
Quel bus dois-je prendre pour aller à …?	哪路公交车到…？ [nǎ lù gōngjiāo chē dào … ?]
Est-ce que ce bus va à …?	这个公交车到…吗？ [zhège gōngjiāo chē dào … ma?]
L'autobus passe tous les combien?	这路公交车多长时间一趟？ [zhè lù gōngjiāo chē duō cháng shíjiān yī tàng?]
chaque quart d'heure	15分钟一趟 [shíwǔ fēnzhōng yī tàng]
chaque demi-heure	半个小时一趟 [bàn gè xiǎoshíyī tàng]
chaque heure	每小时一趟 [měi xiǎoshí yī tàng]
plusieurs fois par jour	一天几趟 [yītiān jǐ tàng]
… fois par jour	一天…趟 [yītiān … tàng]
horaire	时刻表 [shíkè biǎo]
Où puis-je voir l'horaire?	在哪里可以看到时刻表？ [zài nǎlǐ kěyǐ kàn dào shíkè biǎo?]
À quelle heure passe le prochain bus?	下班车几点到？ [xiàbānchē jǐ diǎn dào?]
À quelle heure passe le premier bus?	第一班车是几点？ [dì yī bānchē shì jǐ diǎn?]
À quelle heure passe le dernier bus?	最后一班车是几点？ [zuìhòu yī bān chē shì jǐ diǎn?]
arrêt	站 [zhàn]

prochain arrêt

下一站
[xià yí zhàn]

terminus

上一站
[shàng yí zhàn]

Pouvez-vous arrêter ici, s'il vous plaît.

请在这里停车。
[qǐng zài zhèlǐ tíngchē]

Excusez-moi, c'est mon arrêt.

不好意思，我要下车。
[bù hǎoyìsi, wǒ yào xià chē]

Train

train	火车 [huǒchē]
train de banlieue	市郊火车 [shìjiāo huǒchē]
train de grande ligne	长途列车 [chángtú lièchē]
la gare	火车站 [huǒchē zhàn]
Excusez-moi, où est la sortie vers les quais?	请问，站台的出口在哪里？ [qǐngwèn, zhàntái de chūkǒu zài nǎlǐ?]
Est-ce que ce train va à …?	这个火车到…吗？ [zhège huǒchē dào … ma?]
le prochain train	下一趟火车 [xià yī tàng huǒchē]
À quelle heure est le prochain train?	下趟火车是什么时候？ [xià tàng huǒchē shì shénme shíhòu?]
Où puis-je voir l'horaire?	在哪里可以看到时刻表？ [zài nǎlǐ kěyǐ kàn dào shíkè biǎo?]
De quel quai?	在哪个站台？ [zài nǎge zhàntái?]
À quelle heure arrive le train à …?	火车什么时候到达…？ [huǒchē shénme shíhòu dàodá … ?]
Pouvez-vous m'aider, s'il vous plaît?	请帮帮我。 [qǐng bāng bāng wǒ]
Je cherche ma place.	我在找我的座位。 [wǒ zài zhǎo wǒ de zuòwèi]
Nous cherchons nos places.	我们在找我们的座位。 [wǒmen zài zhǎo wǒmen de zuòwèi]
Ma place est occupée.	我的座位被占了。 [wǒ de zuòwèi bèi zhànle]
Nos places sont occupées.	我们的座位被占了。 [wǒmen de zuòwèi bèi zhànle]
Excusez-moi, mais c'est ma place.	对不起，这是我的座位。 [duìbùqǐ, zhè shì wǒ de zuòwèi]
Est-ce que cette place est libre?	这个位置有人坐吗？ [zhège wèizhì yǒurén zuò ma?]
Puis-je m'asseoir ici?	我能坐这里吗？ [wǒ néng zuò zhèlǐ ma?]

Sur le train - Dialogue (Pas de billet)

Votre billet, s'il vous plaît.
请出示你的车票。
[qǐng chūshì nǐ de jū piào]

Je n'ai pas de billet.
我没有车票。
[wǒ méiyǒu chēpiào]

J'ai perdu mon billet.
我的车票丢了。
[wǒ de jū piào diūle]

J'ai oublié mon billet à la maison.
我的车票忘在家里了。
[wǒ de jū piào wàng zài jiālǐle]

Vous pouvez m'acheter un billet.
你可以从我这里买票。
[nǐ kěyǐ cóng wǒ zhèlǐ mǎi piào]

Vous devrez aussi payer une amende.
你还得交罚款。
[nǐ hái dé jiāo fákuǎn]

D'accord.
好的。
[hǎo de]

Où allez-vous?
你要去哪里？
[nǐ yào qù nǎlǐ?]

Je vais à ...
我要去···
[wǒ yào qù …]

Combien? Je ne comprend pas.
多少钱？我不明白。
[duōshǎo qián? wǒ bù míngbái]

Pouvez-vous l'écrire, s'il vous plaît.
请写下来。
[qǐng xiě xiàlái]

D'accord. Puis-je payer avec la carte?
好的。我能用信用卡支付吗？
[hǎo de. wǒ néng yòng xìnyòngkǎ zhīfù ma?]

Oui, bien sûr.
好的，可以。
[hǎo de, kěyǐ]

Voici votre reçu.
这是您的收据。
[zhè shì nín de shōujù]

Désolé pour l'amende.
请您谅解罚款事宜。
[qǐng nín liàngjiě fákuǎn shìyí]

Ça va. C'est de ma faute.
没关系。是我的错。
[méiguānxì. shì wǒ de cuò]

Bon voyage.
旅途愉快。
[lǚtú yúkuài]

Taxi

taxi	出租车 [chūzū chē]
chauffeur de taxi	出租车司机 [chūzū chē sījī]
prendre un taxi	叫出租车 [jiào chūzū chē]
arrêt de taxi	出租车停车场 [chūzū chē tíngchē chǎng]
Où puis-je trouver un taxi?	我在哪里能乘坐出租车？ [wǒ zài nǎlǐ néng chéngzuò chūzū chē?]
appeler un taxi	叫出租车 [jiào chūzū chē]
Il me faut un taxi.	我需要一辆出租车。 [wǒ xūyào yī liàng chūzū chē]
maintenant	现在。 [xiànzài]
Quelle est votre adresse?	您在什么位置？ [nín zài shénme wèizhì?]
Mon adresse est ...	我的地址是… [wǒ dìdìzhǐshì ...]
Votre destination?	您要去哪儿？ [nín yào qù nǎ'er?]
Excusez-moi, ...	请问，… [qǐngwèn, ...]
Vous êtes libre ?	您这是空车吗？ [nín zhè shì kōng chē ma?]
Combien ça coûte pour aller à ...?	到…多少钱？ [dào ... duōshǎo qián?]
Vous savez où ça se trouve?	你知道这个地方在哪里吗？ [nǐ zhīdào zhège dìfāng zài nǎlǐ ma?]
À l'aéroport, s'il vous plaît.	请到机场。 [qǐng dào jīchǎng]
Arrêtez ici, s'il vous plaît.	请停在这里。 [qǐng tíng zài zhèlǐ]
Ce n'est pas ici.	不是这里。 [bùshì zhèlǐ]
C'est la mauvaise adresse.	这地址不对。 [zhè dìzhǐ bùduì]
tournez à gauche	向左 [xiàng zuǒ]
tournez à droite	向右 [xiàng yòu]

Combien je vous dois?

我应该给您多少钱?
[wǒ yīnggāi gěi nín duōshǎo qián?]

J'aimerais avoir un reçu, s'il vous plaît.

请给我发票。
[qǐng gěi wǒ fāpiào]

Gardez la monnaie.

不用找了。
[bùyòng zhǎole]

Attendez-moi, s'il vous plaît ...

请等我…
[qǐng děng wǒ …]

cinq minutes

5分钟
[wǔ fēnzhōng]

dix minutes

10分钟
[shí fēnzhōng]

quinze minutes

15分钟
[shíwǔ fēnzhōng]

vingt minutes

20分钟
[èrshí fēnzhōng]

une demi-heure

半小时
[bàn xiǎoshí]

Hôtel

Bonjour.	你好。 [nǐ hǎo]
Je m'appelle ...	我叫··· [wǒ jiào ...]
J'ai réservé une chambre.	我已预定房间。 [wǒ yǐ yùdìng fángjiān]
Je voudrais ...	我需要··· [wǒ xūyào ...]
une chambre simple	单人间 [dān rénjiān]
une chambre double	双人间 [shuāng rénjiān]
C'est combien?	多少钱? [duōshǎo qián?]
C'est un peu cher.	这个有点贵。 [zhège yǒudiǎn guì]
Avez-vous autre chose?	你们还有其他房间吗? [nǐmen hái yǒu qítā fángjiān ma?]
Je vais la prendre.	我就订这个了。 [wǒ jiù dìng zhègele]
Je vais payer comptant.	我付现金。 [wǒ fù xiànjīn]
J'ai un problème.	我房间有点小问题。 [wǒ fángjiān yǒudiǎn xiǎo wèntí]
Mon ... est cassé /Ma ... est cassée/	我房间里的···坏了。 [wǒ fángjiān lǐ de ... huàile]
Mon /Ma/ ... ne fonctionne pas.	我房间里的···不好用了。 [wǒ fángjiān lǐ de ... bù hǎo yòngle]
télé	电视 [diànshì]
air conditionné	空调 [kòngtiáo]
robinet	水龙头 [shuǐlóngtóu]
douche	淋浴 [línyù]
évier	洗手盆 [xǐshǒu pén]
coffre-fort	保险箱 [bǎoxiǎnxiāng]

serrure de porte	门锁 [mén suǒ]
prise électrique	插座 [chāzuò]
sèche-cheveux	吹风筒 [chuīfēng tǒng]

Je n'ai pas ...	我的房间里没有··· [wǒ de fángjiān lǐ méiyǒu …]
d'eau	水 [shuǐ]
de lumière	光 [guāng]
d'électricité	电 [diàn]

Pouvez-vous me donner ...?	你能给我···吗？ [nǐ néng gěi wǒ … ma?]
une serviette	一条毛巾 [yītiáo máojīn]
une couverture	一条毛毯 [yītiáo máotǎn]
des pantoufles	一双拖鞋 [yīshuāng tuōxié]
une robe de chambre	一件浴衣 [yī jiàn yùyī]
du shampoing	一些洗发水 [yīxiē xǐ fà shuǐ]
du savon	一块肥皂 [yīkuài féizào]

Je voudrais changer ma chambre.	我想换个房间。 [wǒ xiǎng huàngè fángjiān]
Je ne trouve pas ma clé.	我找不到自己的钥匙。 [wǒ zhǎo bù dào zìjǐ de yàoshi]
Pourriez-vous ouvrir ma chambre, s'il vous plaît?	请帮我打开房间。 [qǐng bāng wǒ dǎkāi fángjiān]
Qui est là?	谁啊？ [shuí a?]
Entrez!	进来。 [jìnlái]
Une minute!	稍等！ [shāo děng!]
Pas maintenant, s'il vous plaît.	请稍等。 [qǐng shāo děng]

Pouvez-vous venir à ma chambre, s'il vous plaît.	请到我的房间来。 [qǐng dào wǒ de fángjiān lái]
J'aimerais avoir le service d'étage.	我想订餐。 [wǒ xiǎng dìngcān]
Mon numéro de chambre est le ...	我的房间号码是··· [wǒ de fángjiān hàomǎ shì …]

Je pars ...
我乘车离开…
[wǒ chéng chē líkāi …]

Nous partons ...
我们乘车离开…
[wǒmen chéng chē líkāi …]

maintenant
现在
[xiànzài]

cet après-midi
今天下午
[jīntiān xiàwǔ]

ce soir
今天晚上
[jīntiān wǎnshàng]

demain
明天
[míngtiān]

demain matin
明天上午
[míngtiān shàngwǔ]

demain après-midi
明天晚上
[míngtiān wǎnshàng]

après-demain
后天
[hòutiān]

Je voudrais régler mon compte.
我想结账。
[wǒ xiǎng jiézhàng]

Tout était merveilleux.
一切都很好。
[yīqiè dōu hěn hǎo]

Où puis-je trouver un taxi?
我在哪里能乘坐出租车?
[wǒ zài nǎlǐ néng chéngzuò chūzū chē?]

Pourriez-vous m'appeler un taxi, s'il vous plaît?
您能帮我叫一辆出租车吗?
[nín néng bāng wǒ jiào yī liàng chūzū chē ma?]

Restaurant

Puis-je voir le menu, s'il vous plaît?
我能看一下菜单吗？
[wǒ néng kàn yīxià càidān ma?]

Une table pour une personne.
一人桌。
[yīrén zhuō]

Nous sommes deux (trois, quatre).
我们一共两个（三个，四个）人。
[wǒmen yīgòng liǎng gè
(sān gè, sì gè) rén]

Fumeurs
吸烟区
[xīyān qū]

Non-fumeurs
非吸烟区
[fēi xīyān qū]

S'il vous plaît!
劳驾！
[láojià!]

menu
菜单
[càidān]

carte des vins
酒类一览表
[jiǔ lèi yīlǎnbiǎo]

Le menu, s'il vous plaît.
请给我菜单。
[qǐng gěi wǒ càidān]

Êtes-vous prêts à commander?
您要点菜了吗？
[nín yàodiǎn càile ma?]

Qu'allez-vous prendre?
您要点什么？
[nín yàodiǎn shénme?]

Je vais prendre …
我想点···
[wǒ xiǎng diǎn …]

Je suis végétarien.
我吃素。
[wǒ chīsù]

viande
肉
[ròu]

poisson
鱼
[yú]

légumes
蔬菜
[shūcài]

Avez-vous des plats végétariens?
你们餐厅供应素食餐吗？
[nǐmen cāntīng gōngyìng sùshí cān ma?]

Je ne mange pas de porc.
我不吃猪肉。
[wǒ bù chī zhūròu]

Il /elle/ ne mange pas de viande.
他 /她/ 不吃肉。
[tā bù chī ròu]

Je suis allergique à …

我对···过敏。
[wǒ duì … guòmǐn]

Pourriez-vous m'apporter …,
s'il vous plaît.

请给我···
[qǐng gěi wǒ …]

le sel | le poivre | du sucre

盐 | 胡椒粉 | 糖
[yán | hújiāo fěn | táng]

un café | un thé | un dessert

咖啡 | 茶 | 甜点
[kāfēi | chá | tiándiǎn]

de l'eau | gazeuse | plate

水 | 汽水 | 无气
[shuǐ | qìshuǐ | wú qì]

une cuillère | une fourchette | un couteau

一个汤匙 | 叉 | 刀
[yīgè tāngchí | chā | dāo]

une assiette | une serviette

一个 盘子 | 餐巾
[yīgè pánzi | cānjīn]

Bon appétit!

祝您用餐愉快！
[zhù nín yòngcān yúkuài!]

Un de plus, s'il vous plaît.

请再来一些。
[qǐng zàilái yīxiē]

C'était délicieux.

这个非常好吃。
[zhège fēicháng hào chī]

l'addition | de la monnaie | le pourboire

结账 | 找零 | 小费
[jiézhàng | zhǎo líng | xiǎofèi]

L'addition, s'il vous plaît.

请买单。
[qǐng mǎidān]

Puis-je payer avec la carte?

我能用信用卡付款吗?
[wǒ néng yòng xìnyòngkǎ fùkuǎn ma?]

Excusez-moi, je crois qu'il y a une
erreur ici.

对不起，这里有错误。
[duìbùqǐ, zhè li yǒu cuòwù]

Shopping. Faire les Magasins

Est-ce que je peux vous aider?
您需要帮助吗？
[nín xūyào bāngzhù ma?]

Avez-vous … ?
您有…吗？
[nín yǒu … ma?]

Je cherche …
我在找…
[wǒ zài zhǎo …]

Il me faut …
我需要…
[wǒ xūyào …]

Je regarde seulement, merci.
我只是看看。
[wǒ zhǐshì kàn kàn]

Nous regardons seulement, merci.
我们只是看看。
[wǒmen zhǐshì kàn kàn]

Je reviendrai plus tard.
我一会回来。
[wǒ yī huǐ huílái]

On reviendra plus tard.
我们一会再来。
[wǒmen yī huǐ zàilái]

Rabais | Soldes
折扣 ｜ 出售
[zhékòu | chūshòu]

Montrez-moi, s'il vous plaît …
请给我看看…
[qǐng gěi wǒ kàn kàn …]

Donnez-moi, s'il vous plaît …
请给我…
[qǐng gěi wǒ …]

Est-ce que je peux l'essayer?
我能试一下这个吗？
[wǒ néng shì yīxià zhège ma?]

Excusez-moi, où est la cabine
d'essayage?
请问，哪里有试衣间？
[qǐngwèn, nǎ li yǒu shì yī jiān?]

Quelle couleur aimeriez-vous?
你想要哪个颜色？
[nǐ xiǎng yào nǎge yánsè?]

taille | longueur
尺寸 ｜ 长度
[chǐcùn | chángdù]

Est-ce que la taille convient ?
合身吗？
[héshēn ma?]

Combien ça coûte?
多少钱？
[duōshǎo qián?]

C'est trop cher.
太贵了。
[tài guìle]

Je vais le prendre.
我买了。
[wǒ mǎile]

Excusez-moi, où est la caisse?
请问，在哪里付款？
[qǐngwèn, zài nǎlǐ fùkuǎn?]

Payerez-vous comptant ou par
carte de crédit?

您是现今还是信用卡支付？
[nín shì xiànjīn háishì xìnyòngkǎ zhīfù?]

Comptant | par carte de crédit

用现金 ｜ 用信用卡
[yòng xiànjīn | yòng xìnyòngkǎ]

Voulez-vous un reçu?

您需要收据吗？
[nín xūyào shōujù ma?]

Oui, s'il vous plaît.

要，谢谢。
[yào, xièxiè]

Non, ce n'est pas nécessaire.

不用，没关系。
[bùyòng, méiguānxì]

Merci. Bonne journée!

谢谢。祝您愉快！
[xièxiè. zhù nín yúkuài!]

En ville

Excusez-moi, …	请问，… [qǐngwèn, …]
Je cherche …	我在找… [wǒ zài zhǎo …]
le métro	地铁 [dìtiě]
mon hôtel	我的旅店 [wǒ de lǚdiàn]
le cinéma	电影院 [diànyǐngyuàn]
un arrêt de taxi	出租车候车处 [chūzū chē hòuchē chù]
un distributeur	银行取款机 [yínháng qǔkuǎn jī]
un bureau de change	外汇兑换 [wàihuì duìhuàn]
un café internet	网吧 [wǎngbā]
la rue …	…街 [… jiē]
cette place-ci	这个地方 [zhège dìfāng]
Savez-vous où se trouve …?	您知道…在哪里吗？ [nín zhīdào…zài nǎlǐ ma?]
Quelle est cette rue?	这条街道叫什么名字？ [zhè tiáo jiēdào jiào shénme míngzì?]
Montrez-moi où sommes-nous, s'il vous plaît.	告诉我我们现在的位置。 [gàosù wǒ wǒmen xiànzài de wèizhì.]
Est-ce que je peux y aller à pied?	我能走路去那里吗？ [wǒ néng zǒulù qù nàlǐ ma?]
Avez-vous une carte de la ville?	您有城市地图吗？ [nín yǒu chéngshì dìtú ma?]
C'est combien pour un ticket?	门票多少钱？ [ménpiào duōshǎo qián?]
Est-ce que je peux faire des photos?	能在这里照相吗？ [néng zài zhèlǐ zhàoxiàng ma?]
Êtes-vous ouvert?	你们开业了吗？ [nǐmen kāiyèle ma?]

À quelle heure ouvrez-vous?　　几点开业?
　　　　　　　　　　　　　　　[jǐ diǎn kāiyè?]

À quelle heure fermez-vous?　几点歇业?
　　　　　　　　　　　　　　　[jǐ diǎn xiēyè?]

L'argent

argent	钱 [qián]
argent liquide	现金 [xiànjīn]
des billets	纸币 [zhǐbì]
petite monnaie	零钱 [língqián]
l'addition | de la monnaie | le pourboire	结账 | 找零 | 小费 [jiézhàng | zhǎo líng | xiǎofèi]
carte de crédit	信用卡 [xìnyòngkǎ]
portefeuille	钱包 [qiánbāo]
acheter	去买 [qù mǎi]
payer	去支付 [qù zhīfù]
amende	罚款 [fákuǎn]
gratuit	免费 [miǎnfèi]
Où puis-je acheter … ?	在哪里能买到…? [zài nǎlǐ néng mǎi dào … ?]
Est-ce que la banque est ouverte en ce moment?	银行现在开门了吗? [yínháng xiànzài kāiménle ma?]
À quelle heure ouvre-t-elle?	什么时候开门? [shénme shíhòu kāimén?]
À quelle heure ferme-t-elle?	什么时候关门? [shénme shíhòu guānmén?]
C'est combien?	多少钱? [duōshǎo qián?]
Combien ça coûte?	这个多少钱? [zhège duōshǎo qián?]
C'est trop cher.	太贵了。 [tài guìle]
Excusez-moi, où est la caisse?	请问，在哪里付款? [qǐngwèn, zài nǎlǐ fùkuǎn?]
L'addition, s'il vous plaît.	请结账。 [qǐng jiézhàng]

Puis-je payer avec la carte?	我能用信用卡付款吗？ [wǒ néng yòng xìnyòngkǎ fùkuǎn ma?]
Est-ce qu'il y a un distributeur ici?	这里有银行取款机吗？ [zhè li yǒu yínháng qǔkuǎn jī ma?]
Je cherche un distributeur.	我在找银行取款机。 [wǒ zài zhǎo yínháng qǔkuǎn jī]

Je cherche un bureau de change.	我在找外汇兑换除。 [wǒ zài zhǎo wàihuì duìhuàn chú]
Je voudrais changer …	我想兑换··· [wǒ xiǎng duìhuàn …]
Quel est le taux de change?	汇率是多少？ [huìlǜ shì duōshǎo?]
Avez-vous besoin de mon passeport?	需要我的护照吗？ [xūyào wǒ de hùzhào ma?]

Le temps

Quelle heure est-il?	几点了？ [jǐ diǎnle?]
Quand?	什么时候？ [shénme shíhòu?]
À quelle heure?	几点？ [jǐ diǎn?]
maintenant | plus tard | après …	现在 | 以后 | 在…之后 [xiànzài | yǐhòu | zài … zhīhòu]

une heure	一点整 [yīdiǎn zhěng]
une heure et quart	一点十五分 [yīdiǎn shíwǔ fēn]
une heure et demie	一点半 [yīdiǎn bàn]
deux heures moins quart	一点四十五分 [yīdiǎn sìshíwǔ fēn]

un | deux | trois	一 | 二 | 三 [yī | èr | sān]
quatre | cinq | six	四 | 五 | 六 [sì | wǔ | liù]
sept | huit | neuf	七 | 八 | 九 [qī | bā | jiǔ]
dix | onze | douze	十 | 十一 | 十二 [shí | shí yī | shí'èr]

dans …	在…之内 [zài … zhī nèi]
cinq minutes	5分钟 [wǔ fēnzhōng]
dix minutes	10分钟 [shí fēnzhōng]
quinze minutes	15分钟 [shíwǔ fēnzhōng]
vingt minutes	20分钟 [èrshí fēnzhōng]

une demi-heure	半小时 [bàn xiǎoshí]
une heure	一个小时 [yīgè xiǎoshí]

dans la matinée	上午 [shàngwǔ]
tôt le matin	清晨 [qīngchén]
ce matin	今天上午 [jīntiān shàngwǔ]
demain matin	明天上午 [míngtiān shàngwǔ]
à midi	在中午 [zài zhōngwǔ]
dans l'après-midi	在下午 [zài xiàwǔ]
dans la soirée	在晚上 [zài wǎnshàng]
ce soir	今天晚上 [jīntiān wǎnshàng]
la nuit	在半夜 [zài bànyè]
hier	昨天 [zuótiān]
aujourd'hui	今天 [jīntiān]
demain	明天 [míngtiān]
après-demain	后天 [hòutiān]
Quel jour sommes-nous aujourd'hui?	今天是星期几? [jīntiān shì xīngqí jǐ?]
Nous sommes …	今天是··· [jīntiān shì…]
lundi	星期一 [xīngqí yī]
mardi	星期二 [xīngqí'èr]
mercredi	星期三 [xīngqísān]
jeudi	星期四 [xīngqísì]
vendredi	星期五 [xīngqíwǔ]
samedi	星期六 [xīngqíliù]
dimanche	星期天 [xīngqítiān]

Salutations - Introductions

Bonjour.	您好。 [nín hǎo]
Enchanté /Enchantée/	很高兴见到您。 [hěn gāoxìng jiàn dào nín]
Moi aussi.	我也是。 [wǒ yěshì]
Je voudrais vous présenter …	给您介绍一下，这是… [gěi nín jièshào yīxià, zhè shì …]
Ravi /Ravie/ de vous rencontrer.	很高兴认识您。 [hěn gāoxìng rènshí nín]
Comment allez-vous?	你好吗？ [nǐ hǎo ma?]
Je m'appelle …	我叫… [wǒ jiào …]
Il s'appelle …	他叫… [tā jiào …]
Elle s'appelle …	她叫… [tā jiào …]
Comment vous appelez-vous?	您叫什么名字？ [nín jiào shénme míngzi?]
Quel est son nom?	他叫什么名字？ [tā jiào shénme míngzì?]
Quel est son nom?	她叫什么名字？ [tā jiào shénme míngzì?]
Quel est votre nom de famille?	您姓什么？ [nín xìng shénme?]
Vous pouvez m'appeler …	您可以叫我… [nín kěyǐ jiào wǒ …]
D'où êtes-vous?	您来自哪里？ [nín láizì nǎlǐ?]
Je suis de …	我来自… [wǒ láizì …]
Qu'est-ce que vous faites dans la vie?	您是做什么的？ [nín shì zuò shénme de?]
Qui est-ce?	这是谁？ [zhè shì shuí?]
Qui est-il?	他是谁？ [tā shì shuí?]
Qui est-elle?	她是谁？ [tā shì shuí?]
Qui sont-ils?	他们是谁？ [tāmen shì shuí?]

C'est ...	这是… [zhè shì …]
mon ami	我的朋友 [wǒ de péngyǒu]
mon amie	我的朋友 [wǒ de péngyǒu]
mon mari	我的丈夫 [wǒ de zhàngfū]
ma femme	我的妻子 [wǒ de qīzi]
mon père	我的父亲 [wǒ de fùqīn]
ma mère	我的母亲 [wǒ de mǔqīn]
mon frère	我的哥哥 ┃ 我的弟弟 [wǒ dí gēgē ┃ wǒ de dì dì]
ma sœur	我的姐姐 ┃ 我的妹妹 [wǒ de jiějiě ┃ wǒ de mèimei]
mon fils	我的儿子 [wǒ de érzi]
ma fille	我的女儿 [wǒ de nǚ'ér]
C'est notre fils.	这是我们的儿子。 [zhè shì wǒmen de érzi]
C'est notre fille.	这是我们的女儿。 [zhè shì wǒmen de nǚ'ér]
Ce sont mes enfants.	这是我的孩子们。 [zhè shì wǒ de háizimen]
Ce sont nos enfants.	这是我们的孩子们。 [zhè shì wǒmen de háizimen]

Les adieux

Au revoir!	再见！ [zàijiàn!]
Salut!	拜拜！ [bàibài!]
À demain.	明天见。 [míngtiān jiàn]
À bientôt.	一会见。 [yī huǐ jiàn]
On se revoit à sept heures.	7点见。 [qī diǎn jiàn]
Amusez-vous bien!	玩的开心！ [wán de kāixīn!]
On se voit plus tard.	以后再聊。 [yǐhòu zài liáo]
Bonne fin de semaine.	周末愉快。 [zhōumò yúkuài]
Bonne nuit.	晚安。 [wǎn'ān]
Il est l'heure que je parte.	我得走了。 [wǒ dé zǒuliǎo]
Je dois m'en aller.	我要走了。 [wǒ yào zǒuliǎo]
Je reviens tout de suite.	我马上回来。 [wǒ mǎshàng huílái]
Il est tard.	已经很晚了。 [yǐjīng hěn wǎnle]
Je dois me lever tôt.	我要早起。 [wǒ yào zǎoqǐ]
Je pars demain.	我明天就走了。 [wǒ míngtiān jiù zǒuliǎo]
Nous partons demain.	我们明天就走了。 [wǒmen míngtiān jiù zǒuliǎo]
Bon voyage!	旅途愉快！ [lǚtú yúkuài!]
Enchanté de faire votre connaissance.	很高兴认识你。 [hěn gāoxìng rènshí nǐ]
Heureux /Heureuse/ d'avoir parlé avec vous.	很高兴与你聊天。 [hěn gāoxìng yǔ nǐ liáotiān]
Merci pour tout.	谢谢你为我做的一切。 [xièxiè nǐ wèi wǒ zuò de yīqiè]

Je me suis vraiment amusé /amusée/	我过的非常开心。 [wǒguò de fēicháng kāixīn]
Nous nous sommes vraiment amusés /amusées/	我们过的非常开心。 [wǒmenguò de fēicháng kāixīn]
C'était vraiment plaisant.	真的太棒了。 [zhēn de tài bàngle]
Vous allez me manquer.	我会想念你的。 [wǒ huì xiǎngniàn nǐ de]
Vous allez nous manquer.	我们会想念你的。 [wǒmen huì xiǎngniàn nǐ de]

Bonne chance!	祝你好运！ [zhù nǐ hǎo yùn!]
Mes salutations à …	代我向···问好 [dài wǒ xiàng … wènhǎo]

Une langue étrangère

Je ne comprends pas.
我没听懂。
[wǒ méi tīng dǒng]

Écrivez-le, s'il vous plaît.
请您把它写下来，好吗？
[qǐng nín bǎ tā xiě xiàlái, hǎo ma?]

Parlez-vous ...?
您能说…?
[nín néng shuō ... ?]

Je parle un peu ...
我会一点点…
[wǒ huì yī diǎndiǎn ...]

anglais
英语
[yīngyǔ]

turc
土耳其语
[tǔ'érqí yǔ]

arabe
阿拉伯语
[ālābó yǔ]

français
法语
[fǎyǔ]

allemand
德语
[déyǔ]

italien
意大利语
[yìdàlì yǔ]

espagnol
西班牙语
[xībānyá yǔ]

portugais
葡萄牙语
[pútáoyá yǔ]

chinois
汉语
[hànyǔ]

japonais
日语
[rìyǔ]

Pouvez-vous le répéter, s'il vous plaît.
请再说一遍。
[qǐng zàishuō yībiàn]

Je comprends.
我明白了。
[wǒ míngbáile]

Je ne comprends pas.
我没听懂。
[wǒ méi tīng dǒng]

Parlez plus lentement, s'il vous plaît.
请说慢一点。
[qǐng shuō màn yī diǎn]

Est-ce que c'est correct?
对吗？
[duì ma?]

Qu'est-ce que c'est?
这是什么？
[zhè shì shénme?]

Les excuses

Excusez-moi, s'il vous plaît.	请原谅。 [qǐng yuánliàng]
Je suis désolé /désolée/	我很抱歉。 [wǒ hěn bàoqiàn]
Je suis vraiment /désolée/	我真的很抱歉。 [wǒ zhēn de hěn bàoqiàn]
Désolé /Désolée/, c'est ma faute.	对不起，这是我的错。 [duìbùqǐ, zhè shì wǒ de cuò]
Au temps pour moi.	我的错。 [wǒ de cuò]
Puis-je … ?	我可以…吗？ [wǒ kěyǐ … ma?]
Ça vous dérange si je …?	如果我…，您不会反对吧？ [rúguǒ wǒ … , nín bù huì fǎnduì ba?]
Ce n'est pas grave.	没事。 [méishì]
Ça va.	一切正常。 [yīqiè zhèngcháng]
Ne vous inquiétez pas.	不用担心。 [bùyòng dānxīn]

Les accords

Oui	是的。 [shì de]
Oui, bien sûr.	是的，当然。 [shì de, dāngrán]
Bien.	好的 [hǎo de]
Très bien.	非常好。 [fēicháng hǎo]
Bien sûr!	当然。 [dāngrán]
Je suis d'accord.	我同意。 [wǒ tóngyì]

C'est correct.	对。 [duì]
C'est exact.	正确。 [zhèngquè]
Vous avez raison.	你是对的。 [nǐ shì duì de]
Je ne suis pas contre.	我不介意。 [wǒ bù jièyì]
Tout à fait correct.	完全正确。 [wánquán zhèngquè]

C'est possible.	这有可能。 [zhè yǒu kěnéng]
C'est une bonne idée.	这是个好主意。 [zhè shìgè hǎo zhǔyì]
Je ne peux pas dire non.	我无法拒绝。 [wǒ wúfǎ jùjué]
J'en serai ravi /ravie/	我很乐意。 [wǒ hěn lèyì]
Avec plaisir.	非常愿意。 [fēicháng yuànyì]

Refus, exprimer le doute

Non
不
[bù]

Absolument pas.
当然不。
[dāngrán bù]

Je ne suis pas d'accord.
我不同意。
[wǒ bù tóngyì]

Je ne le crois pas.
我不这么认为。
[wǒ bù zhème rènwéi]

Ce n'est pas vrai.
这不是真的。
[zhè bùshì zhēn de]

Vous avez tort.
您错了。
[nín cuòle]

Je pense que vous avez tort.
我觉得您错了。
[wǒ juédé nín cuòle]

Je ne suis pas sûr /sûre/
我不确定。
[wǒ bù quèdìng]

C'est impossible.
这不可能。
[zhè bù kěnéng]

Pas du tout!
不行！
[bùxíng!]

Au contraire!
恰恰相反。
[qiàqià xiāngfǎn]

Je suis contre.
我反对。
[wǒ fǎnduì]

Ça m'est égal.
我不在乎。
[wǒ bùzàihū]

Je n'ai aucune idée.
我一点都不知道。
[wǒ yī diǎn dōu bù zhīdào]

Je doute que cela soit ainsi.
我表示怀疑。
[wǒ biǎoshì huáiyí]

Désolé /Désolée/, je ne peux pas.
对不起，我不能。
[duìbùqǐ, wǒ bùnéng]

Désolé /Désolée/, je ne veux pas.
对不起，我不想。
[duìbùqǐ, wǒ bùxiǎng]

Merci, mais ça ne m'intéresse pas.
谢谢，我不需要。
[xièxiè, wǒ bù xūyào]

Il se fait tard.
已经很晚了。
[yǐjīng hěn wǎnle]

Je dois me lever tôt.
我要早起。
[wŏ dé zăoqĭ]

Je ne me sens pas bien.
我感觉不太好。
[wŏ gănjué bù tài hăo]

Exprimer la gratitude

Merci.	谢谢。 [xièxiè]
Merci beaucoup.	多谢。 [duōxiè]
Je l'apprécie beaucoup.	非常感谢。 [fēicháng gǎnxiè]
Je vous suis très reconnaissant.	我真的非常感谢您。 [wǒ zhēn de fēicháng gǎnxiè nín]
Nous vous sommes très reconnaissant.	我们真的非常感谢您。 [wǒmen zhēn de fēicháng gǎnxiè nín]
Merci pour votre temps.	感谢您百忙之中抽出时间。 [gǎnxiè nín bǎi máng zhī zhōng chōuchū shíjiān]
Merci pour tout.	谢谢你为我做的一切。 [xièxiè nǐ wèi wǒ zuò de yīqiè]
Merci pour ...	谢谢… [xièxiè …]
votre aide	您的帮助 [nín de bāngzhù]
les bons moments passés	一段美好的时光 [yīduàn měihǎo de shíguāng]
un repas merveilleux	一顿美味佳肴 [yī dùn měiwèi jiāyáo]
cette agréable soirée	一个美好的夜晚 [yīgè měihǎo de yèwǎn]
cette merveilleuse journée	精彩的一天 [jīngcǎi de yītiān]
une excursion extraordinaire	一个精彩的旅程 [yīgè jīngcǎi de lǚchéng]
Il n'y a pas de quoi.	不值一提。 [bù zhí yī tí]
Vous êtes les bienvenus.	不用谢。 [bùyòng xiè]
Mon plaisir.	随时效劳。 [suíshí xiàoláo]
J'ai été heureux /heureuse/ de vous aider.	这是我的荣幸。 [zhè shì wǒ de róngxìng]

Ça va. N'y pensez plus.

别放心上。
[bié fàngxīn shàng]

Ne vous inquiétez pas.

不用担心。
[bùyòng dānxīn]

Félicitations. Vœux de fête

Félicitations!	恭喜你！ [gōngxǐ nǐ!]
Joyeux anniversaire!	生日快乐！ [shēngrì kuàilè!]
Joyeux Noël!	圣诞愉快！ [shèngdàn yúkuài!]
Bonne Année!	新年快乐！ [xīnnián kuàilè!]
Joyeuses Pâques!	复活节快乐！ [fùhuó jié kuàilè!]
Joyeux Hanoukka!	光明节快乐！ [guāngmíng jié kuàilè!]
Je voudrais proposer un toast.	我提议干杯。 [wǒ tíyì gānbēi]
Santé!	干杯！ [gānbēi!]
Buvons à …!	让我们为…干杯！ [ràng wǒmen wèi… gānbēi!]
À notre succès!	为我们的胜利干杯！ [wèi wǒmen de shènglì gānbēi!]
À votre succès!	为您的成功干杯！ [wèi nín de chénggōng gānbēi!]
Bonne chance!	祝你好运！ [zhù nǐ hǎo yùn!]
Bonne journée!	祝您愉快！ [zhù nín yúkuài!]
Passez de bonnes vacances !	祝你假期愉快！ [zhù nǐ jiàqī yúkuài!]
Bon voyage!	祝您旅途平安！ [zhù nín lǚtú píng'ān!]
Rétablissez-vous vite.	希望你能尽快好起来！ [xīwàng nǐ néng jìnkuài hǎo qǐlái!]

Socialiser

Pourquoi êtes-vous si triste?	为什么那样悲伤啊？ [wèishème nàyàng bēishāng a?]
Souriez!	笑一笑！ [xiào yīxiào!]
Êtes-vous libre ce soir?	你今晚有空吗？ [nǐ jīn wǎn yǒu kòng ma?]
Puis-je vous offrir un verre?	我能请你喝一杯吗？ [wǒ néng qǐng nǐ hè yībēi ma?]
Voulez-vous danser?	你想跳舞吗？ [nǐ xiǎng tiàowǔ ma?]
Et si on va au cinéma?	一起去看电影好吗？ [yīqǐ qù kàn diànyǐng hǎo ma?]
Puis-je vous inviter ...	我能请你…吗？ [wǒ néng qǐng nǐ ... ma?]
au restaurant	吃饭 [chīfàn]
au cinéma	看电影 [kàn diànyǐng]
au théâtre	去剧院 [qù jùyuàn]
pour une promenade	散步 [sànbù]
À quelle heure?	几点？ [jǐ diǎn?]
ce soir	今天晚上 [jīntiān wǎnshàng]
à six heures	6 点 [liù diǎn]
à sept heures	7 点 [qī diǎn]
à huit heures	8 点 [bā diǎn]
à neuf heures	9 点 [jiǔ diǎn]
Est-ce que vous aimez cet endroit?	你喜欢这里吗？ [nǐ xǐhuān zhèlǐ ma?]
Êtes-vous ici avec quelqu'un?	你和谁在这里吗？ [nǐ hé shuí zài zhèlǐ ma?]
Je suis avec mon ami.	我和我的朋友。 [wǒ hé wǒ de péngyǒu]

Je suis avec mes amis.

我和我的朋友们。
[wǒ hé wǒ de péngyǒumen]

Non, je suis seul /seule/

不，就我自己。
[bù, jiù wǒ zìjǐ]

As-tu un copain?

你有男朋友吗？
[nǐ yǒu nán péngyǒu ma?]

J'ai un copain.

我有男朋友。
[wǒ yǒu nán péngyǒu]

As-tu une copine?

你有女朋友吗？
[nǐ yǒu nǚ péngyǒu ma?]

J'ai une copine.

我有女朋友。
[wǒ yǒu nǚ péngyǒu]

Est-ce que je peux te revoir?

我能再见到你吗？
[wǒ néng zàijiàn dào nǐ ma?]

Est-ce que je peux t'appeler?

我能给你打电话吗？
[wǒ néng gěi nǐ dǎ diànhuà ma?]

Appelle-moi.

给我打电话。
[gěi wǒ dǎ diànhuà]

Quel est ton numéro?

你的电话号码是多少？
[nǐ de diànhuà hàomǎ shì duōshǎo?]

Tu me manques.

我想你。
[wǒ xiǎng nǐ]

Vous avez un très beau nom.

你的名字真好听。
[nǐ de míngzì zhēn hǎotīng]

Je t'aime.

我爱你。
[wǒ ài nǐ]

Veux-tu te marier avec moi?

你愿意嫁给我吗？
[nǐ yuànyì jià gěi wǒ ma?]

Vous plaisantez!

您在开玩笑！
[nín zài kāiwánxiào!]

Je plaisante.

我只是开玩笑。
[wǒ zhǐ shì kāiwánxiào]

Êtes-vous sérieux /sérieuse/?

您是认真的？
[nín shì rènzhēn de?]

Je suis sérieux /sérieuse/

我认真的。
[wǒ rènzhēn de]

Vraiment?!

真的吗？
[zhēn de ma?]

C'est incroyable!

不可思议！
[bùkěsīyì!]

Je ne vous crois pas.

我不相信你。
[wǒ bù xiāngxìn nǐ]

Je ne peux pas.

我不能。
[wǒ bùnéng]

Je ne sais pas.

我不知道。
[wǒ bù zhīdào]

Je ne vous comprends pas

我不明白你的意思。
[wǒ bù míngbái nǐ de yìsi]

Laissez-moi! Allez-vous-en!

请你走开。
[qǐng nǐ zǒu kāi]

Laissez-moi tranquille!

别管我！
[biéguǎn wǒ!]

Je ne le supporte pas.

我不能忍受他。
[wǒ bùnéng rěnshòu tā]

Vous êtes dégoûtant!

您真恶心！
[nín zhēn ěxīn!]

Je vais appeler la police!

我要叫警察了！
[wǒ yào jiào jǐngchále!]

Partager des impressions. Émotions

J'aime ça.	我喜欢它。 [wǒ xǐhuān tā]
C'est gentil.	很可爱。 [hěn kě'ài]
C'est super!	那太棒了！ [nà tài bàngle!]
C'est assez bien.	这不错。 [zhè bùcuò]
Je n'aime pas ça.	我不喜欢它。 [wǒ bù xǐhuān tā]
Ce n'est pas bien.	这不好。 [zhè bù hǎo]
C'est mauvais.	这不好。 [zhè bù hǎo]
Ce n'est pas bien du tout.	这非常不好。 [zhè fēicháng bù hǎo]
C'est dégoûtant.	这个很恶心。 [zhège hěn ěxīn]
Je suis content /contente/	我很开心。 [wǒ hěn kāixīn]
Je suis heureux /heureuse/	我很满意。 [wǒ hěn mǎnyì]
Je suis amoureux /amoureuse/	我恋爱了。 [wǒ liàn'àile]
Je suis calme.	我很冷静。 [wǒ hěn lěngjìng]
Je m'ennuie.	我很无聊。 [wǒ hěn wúliáo]
Je suis fatigué /fatiguée/	我累了。 [wǒ lèile]
Je suis triste.	我很伤心。 [wǒ hěn shāngxīn]
J'ai peur.	我很害怕。 [wǒ hěn hàipà]
Je suis fâché /fâchée/	我生气了。 [wǒ shēngqìle]
Je suis inquiet /inquiète/	我很担心。 [wǒ hěn dānxīn]
Je suis nerveux /nerveuse/	我很紧张。 [wǒ hěn jǐnzhāng]

Je suis jaloux /jalouse/ 我很羡慕。
[wǒ hěn xiànmù]

Je suis surpris /surprise/ 我很惊讶。
[wǒ hěn jīngyà]

Je suis gêné /gênée/ 我很尴尬。
[wǒ hěn gāngà]

Problèmes. Accidents

J'ai un problème.	我有麻烦了。 [wǒ yǒu máfanle]
Nous avons un problème.	我们有麻烦了。 [wǒmen yǒu máfanle]
Je suis perdu /perdue/	我迷路了。 [wǒ mílùle]
J'ai manqué le dernier bus (train).	我错过了最后一班公交车（火车）。 [wǒ cuòguòle zuìhòu yī bān gōngjiāo chē (huǒchē)]
Je n'ai plus d'argent.	我没钱了。 [wǒ méi qiánle]
J'ai perdu mon …	我的···丢了。 [wǒ de … diūle]
On m'a volé mon …	我的···被偷了。 [wǒ de … bèi tōule]
passeport	护照 [hùzhào]
portefeuille	钱包 [qiánbāo]
papiers	文件 [wénjiàn]
billet	机票 [jīpiào]
argent	钱 [qián]
sac à main	包 [bāo]
appareil photo	照相机 [zhàoxiàngjī]
portable	笔记本电脑 [bǐjìběn diànnǎo]
ma tablette	平板电脑 [píngbǎn diànnǎo]
mobile	手机 [shǒujī]
Au secours!	帮帮我！ [bāng bāng wǒ!]
Qu'est-il arrivé?	发生什么事了？ [fāshēng shénme shìle?]

un incendie
火灾
[huǒzāi]

des coups de feu
枪击
[qiāngjī]

un meurtre
谋杀
[móushā]

une explosion
爆炸
[bàozhà]

une bagarre
打架
[dǎjià]

Appelez la police!
请叫警察！
[qǐng jiào jǐngchá!]

Dépêchez-vous, s'il vous plaît!
请快点！
[qǐng kuài diǎn!]

Je cherche le commissariat de police.
我在找警察局。
[wǒ zài zhǎo jǐngchá jú]

Il me faut faire un appel.
我需要打个电话。
[wǒ xūyào dǎ gè diànhuà]

Puis-je utiliser votre téléphone?
我能用一下你的电话吗？
[wǒ néng yòng yīxià nǐ de diànhuà ma?]

J'ai été …
我被···了。
[wǒ bèi … le]

agressé /agressée/
抢劫
[qiǎngjié]

volé /volée/
偷
[tōu]

violée
强奸
[qiángjiān]

attaqué /attaquée/
袭击
[xíjí]

Est-ce que ça va?
您没事吧？
[nín méishì ba?]

Avez-vous vu qui c'était?
你有没有看到是谁？
[nǐ yǒu méiyǒu kàn dào shì shuí?]

Pourriez-vous reconnaître
cette personne?
你能认出那个人吗？
[nǐ néng rèn chū nàgè rén ma?]

Vous êtes sûr?
你确定？
[nǐ quèdìng?]

Calmez-vous, s'il vous plaît.
请冷静。
[qǐng lěngjìng]

Calmez-vous!
冷静！
[lěngjìng!]

Ne vous inquiétez pas.
不用担心！
[bùyòng dānxīn!]

Tout ira bien.
一切都会好的。
[yīqiè dūhuì hǎo de]

Ça va. Tout va bien.
一切正常。
[yīqiè zhèngcháng]

Venez ici, s'il vous plaît.	请到这里来。 [qǐng dào zhèlǐ lái]
J'ai des questions à vous poser.	我有一些问题要问您。 [wǒ yǒu yīxiē wèntí yào wèn nín]
Attendez un moment, s'il vous plaît.	请等一下。 [qǐng děng yīxià]
Avez-vous une carte d'identité?	您有证件吗？ [nín yǒu zhèngjiàn ma?]
Merci. Vous pouvez partir maintenant.	谢谢。您可以走了。 [xièxiè. nín kěyǐ zǒuliǎo]
Les mains derrière la tête!	把手放在头上！ [bǎshǒu fàng zài tóu shàng!]
Vous êtes arrêté!	你被捕了！ [nǐ bèi bǔle!]

Problèmes de santé

Aidez-moi, s'il vous plaît.	请帮帮我。 [qǐng bāng bāng wǒ]
Je ne me sens pas bien.	我感觉不舒服。 [wǒ gǎnjué bú shūfú]
Mon mari ne se sent pas bien.	我丈夫不舒服。 [wǒ zhàngfū bú shūfú]
Mon fils …	我儿子··· [wǒ érzi …]
Mon père …	我爸爸··· [wǒ bàba …]
Ma femme ne se sent pas bien.	我妻子不舒服。 [wǒ qīzi bú shūfú]
Ma fille …	我女儿··· [wǒ nǚ'ér …]
Ma mère …	我妈妈··· [wǒ māmā …]
J'ai mal …	我···痛。 [wǒ … tòng]
à la tête	头 [tóu]
à la gorge	嗓子 [sǎngzi]
à l'estomac	胃 [wèi]
aux dents	牙 [yá]
J'ai le vertige.	我头晕。 [wǒ tóuyūn]
Il a de la fièvre.	他发烧了。 [tā fāshāole]
Elle a de la fièvre.	她发烧了。 [tā fāshāole]
Je ne peux pas respirer.	我呼吸困难。 [wǒ hūxī kùnnán]
J'ai du mal à respirer.	我快不能呼吸了。 [wǒ kuài bùnéng hūxīle]
Je suis asthmatique.	我有哮喘。 [wǒ yǒu xiāochuǎn]
Je suis diabétique.	我有糖尿病。 [wǒ yǒu tángniàobìng]

Je ne peux pas dormir.	我失眠。 [wǒ shīmián]
intoxication alimentaire	食物中毒。 [shíwù zhòngdú]

Ça fait mal ici.	这里疼。 [zhèlǐ téng]
Aidez-moi!	救命！ [jiùmìng!]
Je suis ici!	我在这儿！ [wǒ zài zhè'er!]
Nous sommes ici!	我们在这！ [wǒmen zài zhè!]
Sortez-moi d'ici!	让我离开这里！ [ràng wǒ líkāi zhèlǐ!]
J'ai besoin d'un docteur.	我需要医生。 [wǒ xūyào yīshēng]
Je ne peux pas bouger!	我动不了。 [wǒ dòng bùliǎo]
Je ne peux pas bouger mes jambes.	我的腿动不了。 [wǒ de tuǐ dòng bùliǎo]

Je suis blessé /blessée/	我受伤了。 [wǒ shòushāngle]
Est-ce que c'est sérieux?	很严重吗？ [hěn yánzhòng ma?]
Mes papiers sont dans ma poche.	我的文件在口袋里。 [wǒ de wénjiàn zài kǒudài lǐ]
Calmez-vous!	冷静！ [lěngjìng!]
Puis-je utiliser votre téléphone?	我能用一下你的电话吗？ [wǒ néng yòng yīxià nǐ de diànhuà ma?]

Appelez une ambulance!	叫救护车！ [jiào jiùhù chē!]
C'est urgent!	很着急！ [hěn zhāojí!]
C'est une urgence!	非常紧急！ [fēicháng jǐnjí!]
Dépêchez-vous, s'il vous plaît!	请快点！ [qǐng kuài diǎn!]
Appelez le docteur, s'il vous plaît.	请叫医生。 [qǐng jiào yīshēng]
Où est l'hôpital?	医院在哪里？ [yīyuàn zài nǎlǐ?]

Comment vous sentez-vous?	您感觉怎么样？ [nín gǎnjué zěnme yàng?]
Est-ce que ça va?	您没事吧？ [nín hái hǎo ba?]
Qu'est-il arrivé?	发生什么事了？ [fāshēng shénme shìle?]

Je me sens mieux maintenant.

我好多了。
[wǒ hǎoduōle]

Ça va. Tout va bien.

没事。
[méishì]

Ça va.

已经好了。
[yǐjīng hǎole]

À la pharmacie

pharmacie	药店 [yàodiàn]
pharmacie 24 heures	24四小时药店 [èrshí sì xiǎoshí yàodiàn]
Où se trouve la pharmacie la plus proche?	最近的药店在哪里? [zuìjìn di yàodiàn zài nǎlǐ?]
Est-elle ouverte en ce moment?	现在营业吗? [xiànzài yíngyè ma?]
À quelle heure ouvre-t-elle?	几点开门? [jǐ diǎn kāimén?]
à quelle heure ferme-t-elle?	几点关门? [jǐ diǎn guānmén?]
C'est loin?	那里远吗? [nàlǐ yuǎn ma?]
Est-ce que je peux y aller à pied?	我能走路去那里吗? [wǒ néng zǒulù qù nàlǐ ma?]
Pouvez-vous me le montrer sur la carte?	能在地图上指出来吗? [néng zài dìtú shàng zhǐchū lái ma?]
Pouvez-vous me donner quelque chose contre …	请给我治···的药。 [qǐng gěi wǒ zhì … di yào]
le mal de tête	头疼 [tóuténg]
la toux	咳嗽 [késòu]
le rhume	感冒 [gǎnmào]
la grippe	流感 [liúgǎn]
la fièvre	发烧 [fāshāo]
un mal d'estomac	胃疼 [wèi téng]
la nausée	恶心 [ěxīn]
la diarrhée	腹泻 [fùxiè]
la constipation	便秘 [biànmì]

un mal de dos

背痛
[bèi tòng]

les douleurs de poitrine

胸痛
[xiōngtòng]

les points de côté

岔气
[chàqì]

les douleurs abdominales

腹痛
[fùtòng]

une pilule

药片，药丸
[yàopiàn, yàowán]

un onguent, une crème

软膏，霜
[ruǎngāo, shuāng]

un sirop

糖浆
[tángjiāng]

un spray

喷雾
[pēnwù]

les gouttes

滴液
[dī yè]

Vous devez allez à l'hôpital.

你需要去医院。
[nǐ xūyào qù yīyuàn]

assurance maladie

医疗保险
[yīliáo bǎoxiǎn]

prescription

处方
[chǔfāng]

produit anti-insecte

驱虫剂
[qū chóng jì]

bandages adhésifs

创可贴
[chuàngkětiē]

Les essentiels

Excusez-moi, ...	请问，··· [qǐngwèn, ...]
Bonjour	你好。 ｜ 你们好。 [nǐ hǎo ｜ nǐmen hǎo]
Merci	谢谢。 [xièxiè]
Au revoir	再见。 [zàijiàn]
Oui	是的。 [shì de]
Non	不 [bù]
Je ne sais pas.	我不知道。 [wǒ bù zhīdào]
Où? ｜ Où? ｜ Quand?	哪里？ ｜ 到哪里？ ｜ 什么时候？ [nǎlǐ? ｜ dào nǎlǐ? ｜ shénme shíhòu?]

J'ai besoin de ...	我需要··· [wǒ xūyào ...]
Je veux ...	我想要··· [wǒ xiǎng yào ...]
Avez-vous ... ?	您有···吗？ [nín yǒu ... ma?]
Est-ce qu'il y a ... ici?	这里有···吗？ [zhè li yǒu ... ma?]
Puis-je ... ?	我可以···吗？ [wǒ kěyǐ ... ma?]
s'il vous plaît (pour une demande)	请 [qǐng]

Je cherche ...	我在找··· [wǒ zài zhǎo ...]
les toilettes	休息室 [xiūxí shì]
un distributeur	银行取款机 [yínháng qǔkuǎn jī]
une pharmacie	药店 [yàodiàn]
l'hôpital	医院 [yīyuàn]
le commissariat de police	警察局 [jǐngchá jú]
une station de métro	地铁 [dìtiě]

un taxi	出租车 [chūzū chē]
la gare	火车站 [huǒchē zhàn]
Je m'appelle …	我叫··· [wǒ jiào …]
Comment vous appelez-vous?	您叫什么名字？ [nín jiào shénme míngzi?]
Aidez-moi, s'il vous plaît.	请帮助我。 [qǐng bāngzhù wǒ]
J'ai un problème.	我有麻烦了。 [wǒ yǒu máfanle]
Je ne me sens pas bien.	我感觉不舒服。 [wǒ gǎnjué bú shūfú]
Appelez une ambulance!	叫救护车！ [jiào jiùhù chē!]
Puis-je faire un appel?	我可以打个电话吗？ [wǒ kěyǐ dǎ gè diànhuà ma?]
Excusez-moi.	对不起。 [duìbùqǐ]
Je vous en prie.	不客气。 [bù kèqì]
je, moi	我 [wǒ]
tu, toi	你 [nǐ]
il	他 [tā]
elle	她 [tā]
ils	他们 [tāmen]
elles	她们 [tāmen]
nous	我们 [wǒmen]
vous	你们 [nǐmen]
Vous	您 [nín]
ENTRÉE	入口 [rùkǒu]
SORTIE	出口 [chūkǒu]
HORS SERVICE | EN PANNE	故障 [gùzhàng]
FERMÉ	关门 [guānmén]

OUVERT

POUR LES FEMMES

POUR LES HOMMES

开门
[kāimén]

女士专用
[nǚshì zhuānyòng]

男士专用
[nánshì zhuānyòng]

T&P BOOKS

VOCABULAIRE THÉMATIQUE

Cette section contient plus
de 3000 des mots les plus
importants. Le dictionnaire
sera d'une aide indispensable
lors de voyages à l'étranger
puisque les mots individuels
sont souvent assez pour être
compris. Le dictionnaire
comprend une transcription
utile de chaque mot

T&P Books Publishing

CONTENU DU DICTIONNAIRE

T&P Books Publishing

CONCEPTS DE BASE

T&P Books Publishing

| je | 我 | wǒ |
| tu | 你 | nǐ |

il	他	tā
elle	她	tā
ça	它	tā

nous	我们	wǒ men
vous	你们	nǐ men
ils	他们	tā men
elles	她们	tā men

2. Adresser des vœux. Se dire bonjour

Bonjour! (fam.)	你好!	nǐ hǎo!
Bonjour! (form.)	你们好!	nǐmen hǎo!
Bonjour! (le matin)	早上好!	zǎo shàng hǎo!
Bonjour! (après-midi)	午安!	wǔ ān!
Bonsoir!	晚上好!	wǎn shàng hǎo!

dire bonjour	问好	wèn hǎo
Salut!	你好!	nǐ hǎo!
salut (m)	问候	wèn hòu
saluer (vt)	欢迎	huān yíng
Comment ça va?	你好吗?	nǐ hǎo ma?
Quoi de neuf?	有 什么 新 消息?	yǒu shénme xīn xiāoxi?

Au revoir!	再见!	zài jiàn!
À bientôt!	回头见!	huí tóu jiàn!
Adieu!	再见!	zài jiàn!
dire au revoir	说再见	shuō zài jiàn
Salut! (À bientôt!)	回头见!	huí tóu jiàn!

Merci!	谢谢!	xièxie!
Merci beaucoup!	多谢!	duō xiè!
Je vous en prie	不客气	bù kè qi
Il n'y a pas de quoi	不用谢谢!	bùyòng xièxie!
Pas de quoi	没什么	méi shén me

Excuse-moi! Excusez-moi!	请原谅	qǐng yuán liàng
s'excuser (vp)	道歉	dào qiàn
Mes excuses	我道歉	wǒ dào qiàn

Pardonnez-moi!	对不起!	duì bu qǐ!
pardonner (vt)	原谅	yuán liàng
s'il vous plaît	请	qǐng
N'oubliez pas!	别忘了!	bié wàng le!
Bien sûr!	当然!	dāng rán!
Bien sûr que non!	当然不是!	dāng rán bù shì!
D'accord!	同意!	tóng yì!
Ça suffit!	够了!	gòu le!

3. Les questions

Qui?	谁?	shéi?
Quoi?	什么?	shén me?
Où? (~ es-tu?)	在哪儿?	zài nǎr?
Où? (~ vas-tu?)	到哪儿?	dào nǎr?
D'où?	从哪儿来?	cóng nǎr lái?
Quand?	什么时候?	shénme shíhou?
Pourquoi? (~ es-tu venu?)	为了什么目的?	wèile shénme mùdì?
Pourquoi? (~ t'es pâle?)	为什么?	wèi shénme?
À quoi bon?	为了什么目的?	wèile shénme mùdì?
Comment?	如何?	rú hé?
Lequel?	哪个?	nǎ ge?
À qui? (pour qui?)	给谁?	gěi shéi?
De qui?	关于谁?	guān yú shéi?
De quoi?	关于什么?	guān yú shénme?
Avec qui?	跟谁?	gēns héi?
Combien?	多少?	duōshao?
À qui?	谁的?	shéi de?

4. Les prépositions

avec (~ toi)	和，跟	hé, gēn
sans (~ sucre)	没有	méi yǒu
à (aller ~...)	往	wǎng
de (au sujet de)	关于	guān yú
avant (~ midi)	在 … 之前	zài … zhī qián
devant (~ la maison)	在 … 前面	zài … qián mian
sous (~ la commode)	在 … 下面	zài … xià mian
au-dessus de …	在 … 上方	zài … shàng fāng
sur (dessus)	在 … 上	zài … shàng
de (venir ~ Paris)	从	cóng
en (en bois, etc.)	… 做的	… zuò de
dans (~ deux heures)	在 … 之后	zài … zhī hòu
par dessus	跨过	kuà guò

5. Les mots-outils. Les adverbes. Partie 1

Où? (~ es-tu?)	在哪儿?	zài nǎr?
ici (c'est ~)	在这儿	zài zhèr
là-bas (c'est ~)	那儿	nàr
quelque part (être)	某处	mǒu chù
nulle part (adv)	无处	wú chù
près de ...	在 … 旁边	zài … páng biān
près de la fenêtre	在窗户旁边	zài chuānghu páng biān
Où? (~ vas-tu?)	到哪儿?	dào nǎr?
ici (Venez ~)	到这儿	dào zhèr
là-bas (j'irai ~)	往那边	wǎng nà bian
d'ici (adv)	从这里	cóng zhè lǐ
de là-bas (adv)	从那里	cóng nà lǐ
près (pas loin)	附近	fù jìn
loin (adv)	远	yuǎn
près de (~ Paris)	在 … 附近	zài … fù jìn
tout près (adv)	在附近, 在近处	zài fù jìn, zài jìn chǔ
pas loin (adv)	不远	bù yuǎn
gauche (adj)	左边的	zuǒ bian de
à gauche (être ~)	在左边	zài zuǒ bian
à gauche (tournez ~)	往左	wàng zuǒ
droit (adj)	右边的	yòu bian de
à droite (être ~)	在右边	zài yòu bian
à droite (tournez ~)	往右	wàng yòu
devant (adv)	在前面	zài qián miàn
de devant (adj)	前 … , 前面的	qián …, qián miàn de
en avant (adv)	先走	xiān zǒu
derrière (adv)	在后面	zài hòu miàn
par derrière (adv)	从后面	cóng hòu miàn
en arrière (regarder ~)	往后	wàng hòu
milieu (m)	中间	zhōng jiān
au milieu (adv)	在中间	zài zhōng jiān
de côté (vue ~)	在一边	zài yī biān
partout (adv)	到处	dào chù
autour (adv)	周围	zhōu wéi
de l'intérieur	从里面	cóng lǐ miàn
quelque part (aller)	往某处	wàng mǒu chù
tout droit (adv)	径直地	jìng zhí de
en arrière (revenir ~)	往后	wàng hòu

de quelque part (n'import d'où)	从任何地方	cóng rèn hé de fāng
de quelque part (on ne sait pas d'où)	从某处	cóng mǒu chù
premièrement (adv)	第一	dì yī
deuxièmement (adv)	第二	dì èr
troisièmement (adv)	第三	dì sān
soudain (adv)	忽然	hū rán
au début (adv)	最初	zuì chū
pour la première fois	初次	chū cì
bien avant …	… 之前很久	… zhī qián hěn jiǔ
de nouveau (adv)	重新	chóng xīn
pour toujours (adv)	永远	yǒng yuǎn
jamais (adv)	从未	cóng wèi
de nouveau, encore (adv)	再	zài
maintenant (adv)	目前	mù qián
souvent (adv)	经常	jīng cháng
alors (adv)	当时	dāng shí
d'urgence (adv)	紧急地	jǐn jí de
d'habitude (adv)	通常	tōng cháng
à propos, …	顺便	shùn biàn
c'est possible	可能	kě néng
probablement (adv)	大概	dà gài
peut-être (adv)	可能	kě néng
en plus, …	再说 …	zài shuō …
c'est pourquoi …	所以 …	suǒ yǐ …
malgré …	尽管 …	jǐn guǎn …
grâce à …	由于 …	yóu yú …
quoi (pron)	什么	shén me
quelque chose (Il m'est arrivé ~)	某物	mǒu wù
quelque chose (peut-on faire ~)	任何事	rèn hé shì
rien (m)	毫不，决不	háo bù, jué bù
qui (pron)	谁	shéi
quelqu'un (on ne sait pas qui)	有人	yǒu rén
quelqu'un (n'importe qui)	某人	mǒu rén
personne (pron)	无人	wú rén
nulle part (aller ~)	哪里都不	nǎ lǐ dōu bù
de personne	无人的	wú rén de
de n'importe qui	某人的	mǒu rén de
comme ça (adv)	这么	zhè me
également (adv)	也	yě
aussi (adv)	也	yě

6. Les mots-outils. Les adverbes. Partie 2

Pourquoi?	为什么?	wèi shénme?
pour une certaine raison	由于某种原因	yóu yú mǒu zhǒng yuán yīn
parce que ...	因为 ···	yīn wèi ...
pour une raison quelconque	不知为什么	bùzhī wèi shénme
et (conj)	和	hé
ou (conj)	或者，还是	huò zhě, hái shì
mais (conj)	但	dàn
pour ... (prep)	为	wèi
trop (adv)	太	tài
seulement (adv)	只	zhǐ
précisément (adv)	精确地	jīng què de
près de ... (prep)	大约	dà yuē
approximativement	大概	dà gài
approximatif (adj)	大概的	dà gài de
presque (adv)	差不多	chà bu duō
reste (m)	剩下的	shèng xià de
chaque (adj)	每个的	měi gè de
n'importe quel (adj)	任何	rèn hé
beaucoup (adv)	许多	xǔ duō
plusieurs (pron)	很多人	hěn duō rén
tous	都	dōu
en échange de ...	作为交换	zuò wéi jiāo huàn
en échange (adv)	作为交换	zuò wéi jiāo huàn
à la main (adv)	手工	shǒu gōng
peu probable (adj)	几乎不	jī hū bù
probablement (adv)	可能	kě néng
exprès (adv)	故意	gù yì
par accident (adv)	偶然的	ǒu rán de
très (adv)	很	hěn
par exemple (adv)	例如	lì rú
entre (prep)	之间	zhī jiān
parmi (prep)	在 ··· 中	zài ... zhōng
autant (adv)	这么多	zhè me duō
surtout (adv)	特别	tè bié

NOMBRES. DIVERS

T&P Books Publishing

zéro	零	líng
un	一	yī
deux	二	èr
trois	三	sān
quatre	四	sì
cinq	五	wǔ
six	六	liù
sept	七	qī
huit	八	bā
neuf	九	jiǔ
dix	十	shí
onze	十一	shí yī
douze	十二	shí èr
treize	十三	shí sān
quatorze	十四	shí sì
quinze	十五	shí wǔ
seize	十六	shí liù
dix-sept	十七	shí qī
dix-huit	十八	shí bā
dix-neuf	十九	shí jiǔ
vingt	二十	èrshí
vingt et un	二十一	èrshí yī
vingt-deux	二十二	èrshí èr
vingt-trois	二十三	èrshí sān
trente	三十	sānshí
trente et un	三十一	sānshí yī
trente-deux	三十二	sānshí èr
trente-trois	三十三	sānshí sān
quarante	四十	sìshí
quarante et un	四十一	sìshí yī
quarante-deux	四十二	sìshí èr
quarante-trois	四十三	sìshí sān
cinquante	五十	wǔshí
cinquante et un	五十一	wǔshí yī
cinquante-deux	五十二	wǔshí èr
cinquante-trois	五十三	wǔshí sān
soixante	六十	liùshí

soixante et un	六十一	liùshí yī
soixante-deux	六十二	liùshí èr
soixante-trois	六十三	liùshí sān
soixante-dix	七十	qīshí
soixante et onze	七十一	qīshí yī
soixante-douze	七十二	qīshí èr
soixante-treize	七十三	qīshí sān
quatre-vingts	八十	bāshí
quatre-vingt et un	八十一	bāshí yī
quatre-vingt deux	八十二	bāshí èr
quatre-vingt trois	八十三	bāshí sān
quatre-vingt-dix	九十	jiǔshí
quatre-vingt et onze	九十一	jiǔshí yī
quatre-vingt-douze	九十二	jiǔshí èr
quatre-vingt-treize	九十三	jiǔshí sān

8. Les nombres cardinaux. Partie 2

cent	一百	yī bǎi
deux cents	两百	liǎng bǎi
trois cents	三百	sān bǎi
quatre cents	四百	sì bǎi
cinq cents	五百	wǔ bǎi
six cents	六百	liù bǎi
sept cents	七百	qī bǎi
huit cents	八百	bā bǎi
neuf cents	九百	jiǔ bǎi
mille	一千	yī qiān
deux mille	两千	liǎng qiān
trois mille	三千	sān qiān
dix mille	一万	yī wàn
cent mille	十万	shí wàn
million (m)	百万	bǎi wàn
milliard (m)	十亿	shíyì

9. Les nombres ordinaux

premier (adj)	第一	dì yī
deuxième (adj)	第二	dì èr
troisième (adj)	第三	dì sān
quatrième (adj)	第四	dì sì
cinquième (adj)	第五	dì wǔ
sixième (adj)	第六	dì liù

septième (adj)	第七	dì qī
huitième (adj)	第八	dì bā
neuvième (adj)	第九	dì jiǔ
dixième (adj)	第十	dì shí

T&P BOOKS

LES COULEURS.
LES UNITÉS DE MESURE

T&P Books Publishing

couleur (f)	颜色	yán sè
teinte (f)	色调	sè diào
ton (m)	色调	sè diào
arc-en-ciel (m)	彩虹	cǎi hóng
blanc (adj)	白的	bái de
noir (adj)	黑色的	hēi sè de
gris (adj)	灰色的	huī sè de
vert (adj)	绿色的	lǜ sè de
jaune (adj)	黄色的	huáng sè de
rouge (adj)	红色的	hóng sè de
bleu (adj)	蓝色的	lán sè
bleu clair (adj)	天蓝色的	tiānlán sè
rose (adj)	粉红色的	fěnhóng sè
orange (adj)	橙色的	chéng sè de
violet (adj)	紫色的	zǐ sè de
brun (adj)	棕色的	zōng sè de
d'or (adj)	金色的	jīn sè de
argenté (adj)	银白色的	yín bái sè de
beige (adj)	浅棕色的	qiǎn zōng sè de
crème (adj)	奶油色的	nǎi yóu sè de
turquoise (adj)	青绿色的	qīng lǜ sè de
rouge cerise (adj)	樱桃色的	yīng táo sè de
lilas (adj)	淡紫色的	dànzǐ sè de
framboise (adj)	深红色的	shēn hóng sè de
clair (adj)	淡色的	dàn sè de
foncé (adj)	深色的	shēn sè de
vif (adj)	鲜艳的	xiān yàn de
de couleur (adj)	有色的	yǒu sè de
en couleurs (adj)	彩色的	cǎi sè de
noir et blanc (adj)	黑白色的	hēi bái sè de
unicolore (adj)	单色的	dān sè de
multicolore (adj)	杂色的	zá sè de

poids (m)	重量	zhòng liàng
longueur (f)	长，长度	cháng, cháng dù

largeur (f)	宽度	kuān dù
hauteur (f)	高度	gāo dù
profondeur (f)	深度	shēn dù
volume (m)	容量	róng liàng
aire (f)	面积	miàn jī

gramme (m)	克	kè
milligramme (m)	毫克	háo kè
kilogramme (m)	公斤	gōng jīn
tonne (f)	吨	dūn
livre (f)	磅	bàng
once (f)	盎司	àng sī

mètre (m)	米	mǐ
millimètre (m)	毫米	háo mǐ
centimètre (m)	厘米	límǐ
kilomètre (m)	公里	gōng lǐ
mille (m)	英里	yīng lǐ

pouce (m)	英寸	yīng cùn
pied (m)	英尺	yīng chǐ
yard (m)	码	mǎ

mètre (m) carré	平方米	píng fāng mǐ
hectare (m)	公顷	gōng qǐng
litre (m)	升	shēng
degré (m)	度	dù
volt (m)	伏，伏特	fú, fú tè
ampère (m)	安培	ān péi
cheval-vapeur (m)	马力	mǎ lì

quantité (f)	量	liàng
un peu de ...	一点	yī diǎn
moitié (f)	一半	yī bàn
douzaine (f)	一打	yī dá
pièce (f)	个	gè

| dimension (f) | 大小 | dà xiǎo |
| échelle (f) (de la carte) | 比例 | bǐ lì |

minimal (adj)	最低的	zuì dī de
le plus petit (adj)	最小的	zuì xiǎo de
moyen (adj)	中等的	zhōng děng de
maximal (adj)	最多的	zuì duō de
le plus grand (adj)	最大的	zuì dà de

12. Les récipients

| bocal (m) en verre | 玻璃罐 | bōli guàn |
| boîte, canette (f) | 罐头 | guàn tou |

seau (m)	吊桶	diào tǒng
tonneau (m)	桶	tǒng
bassine, cuvette (f)	盆	pén
cuve (f)	箱	xiāng
flasque (f)	小酒壶	xiǎo jiǔ hú
jerrican (m)	汽油罐	qì yóu guàn
citerne (f)	储水箱	chǔ shuǐ xiāng
tasse (f), mug (m)	马克杯	mǎkè bēi
tasse (f)	杯子	bēi zi
soucoupe (f)	碟子	dié zi
verre (m) (~ d'eau)	杯子	bēi zi
verre (m) à vin	酒杯	jiǔ bēi
faitout (m)	炖锅	dùn guō
bouteille (f)	瓶子	píng zi
goulot (m)	瓶颈	píng jǐng
carafe (f)	长颈玻璃瓶	chángjǐng bōli píng
pichet (m)	粘土壶	nián tǔ hú
récipient (m)	器皿	qì mǐn
pot (m)	花盆	huā pén
vase (m)	花瓶	huā píng
flacon (m)	小瓶	xiǎo píng
fiole (f)	小玻璃瓶	xiǎo bōli píng
tube (m)	软管	ruǎn guǎn
sac (m) (grand ~)	麻袋	má dài
sac (m) (~ en plastique)	袋	dài
paquet (m) (~ de cigarettes)	包，盒	bāo, hé
boîte (f)	盒子	hé zi
caisse (f)	箱子	xiāng zi
panier (m)	篮子	lán zi

LES VERBES
LES PLUS IMPORTANTS

T&P Books Publishing

13. Les verbes les plus importants. Partie 1

aider (vt)	帮助	bāng zhù
aimer (qn)	爱	ài
aller (à pied)	走	zǒu
apercevoir (vt)	注意到	zhù yì dào
appartenir à …	属于	shǔ yú
appeler (au secours)	呼	hū
attendre (vt)	等	děng
attraper (vt)	抓住	zhuā zhù
avertir (vt)	警告	jǐng gào
avoir (vt)	有	yǒu
avoir confiance	信任	xìn rèn
avoir faim	饿	è
avoir peur	害怕	hài pà
avoir soif	渴	kě
cacher (vt)	藏	cáng
casser (briser)	打破	dǎ pò
cesser (vt)	停止	tíng zhǐ
changer (vt)	改变	gǎi biàn
chasser (animaux)	打猎	dǎ liè
chercher (vt)	寻找	xún zhǎo
choisir (vt)	选	xuǎn
commander (~ le menu)	订	dìng
commencer (vt)	开始	kāi shǐ
comparer (vt)	比较	bǐ jiào
comprendre (vt)	明白	míng bai
compter (dénombrer)	计算	jì suàn
compter sur …	指望	zhǐ wàng
confondre (vt)	混淆	hùn xiáo
connaître (qn)	认识	rèn shi
conseiller (vt)	建议	jià nyì
continuer (vt)	继续	jì xù
contrôler (vt)	控制	kòng zhì
courir (vi)	跑	pǎo
coûter (vt)	价钱为	jià qian wèi
créer (vt)	创造	chuàng zào
creuser (vt)	挖	wā
crier (vi)	叫喊	jiào hǎn

14. Les verbes les plus importants. Partie 2

décorer (~ la maison)	装饰	zhuāng shì
défendre (vt)	保卫	bǎo wèi
déjeuner (vi)	吃午饭	chī wǔ fàn
demander (~ l'heure)	问	wèn
demander (de faire qch)	请求	qǐng qiú
descendre (vi)	下来	xià lai
deviner (vt)	猜中	cāi zhòng
dîner (vi)	吃晚饭	chī wǎn fàn
dire (vt)	说	shuō
diriger (~ une usine)	管理	guǎn lǐ
discuter (vt)	讨论	tǎo lùn
donner (vt)	给	gěi
donner un indice	暗示	àn shì
douter (vt)	怀疑	huái yí
écrire (vt)	写	xiě
entendre (bruit, etc.)	听见	tīng jiàn
entrer (vi)	进来	jìn lái
envoyer (vt)	寄	jì
espérer (vi)	希望	xī wàng
essayer (vt)	试图	shì tú
être (vi)	当	dāng
être d'accord	同意	tóng yì
être nécessaire	需要	xū yào
être pressé	赶紧	gǎn jǐn
étudier (vt)	学习	xué xí
exiger (vt)	要求	yāo qiú
exister (vi)	存在	cún zài
expliquer (vt)	说明	shuō míng
faire (vt)	做	zuò
faire tomber	掉	diào
finir (vt)	结束	jié shù
garder (conserver)	保存	bǎo cún
gronder, réprimander (vt)	责骂	zé mà
informer (vt)	通知	tōng zhī
insister (vi)	坚持	jiān chí
insulter (vt)	侮辱	wǔ rǔ
inviter (vt)	邀请	yāo qǐng
jouer (s'amuser)	玩	wán

15. Les verbes les plus importants. Partie 3

libérer (ville, etc.)	解放	jiě fàng
lire (vi, vt)	读	dú
louer (prendre en location)	租房	zū fáng
manquer (l'école)	错过	cuò guò
menacer (vt)	威胁	wēi xié
mentionner (vt)	提到	tí dào
montrer (vt)	展示	zhǎn shì
nager (vi)	游泳	yóuyǒng
objecter (vt)	反对	fǎn duì
observer (vt)	观察	guān chá
ordonner (mil.)	命令	mìng lìng
oublier (vt)	忘	wàng
ouvrir (vt)	开	kāi
pardonner (vt)	原谅	yuán liàng
parler (vi, vt)	说	shuō
participer à …	参与	cān yù
payer (régler)	付，支付	fù, zhī fù
penser (vi, vt)	想	xiǎng
permettre (vt)	允许	yǔn xǔ
plaire (être apprécié)	喜欢	xǐ huan
plaisanter (vi)	开玩笑	kāi wán xiào
planifier (vt)	计划	jì huà
pleurer (vi)	哭	kū
posséder (vt)	拥有	yōng yǒu
pouvoir (v aux)	能	néng
préférer (vt)	宁愿	nìng yuàn
prendre (vt)	拿	ná
prendre en note	记录	jì lù
prendre le petit déjeuner	吃早饭	chī zǎo fàn
préparer (le dîner)	做饭	zuò fàn
prévoir (vt)	预见	yù jiàn
prier (~ Dieu)	祈祷	qí dǎo
promettre (vt)	承诺	chéng nuò
prononcer (vt)	发音	fā yīn
proposer (vt)	提议	tí yì
punir (vt)	惩罚	chéng fá

16. Les verbes les plus importants. Partie 4

recommander (vt)	推荐	tuī jiàn
regretter (vt)	后悔	hòu huǐ

répéter (dire encore)	重复	chóng fù
répondre (vi, vt)	回答	huí dá
réserver (une chambre)	预订	yù dìng
rester silencieux	沉默	chén mò
réunir (regrouper)	联合	lián hé
rire (vi)	笑	xiào
s'arrêter (vp)	停	tíng
s'asseoir (vp)	坐下	zuò xia
sauver (la vie à qn)	救出	jiù chū
savoir (qch)	知道	zhī dào
se baigner (vp)	去游泳	qù yóu yǒng
se plaindre (vp)	抱怨	bào yuàn
se refuser (vp)	拒绝	jù jué
se tromper (vp)	犯错	fàn cuò
se vanter (vp)	自夸	zì kuā
s'étonner (vp)	吃惊	chī jīng
s'excuser (vp)	道歉	dào qiàn
signer (vt)	签名	qiān míng
signifier (vt)	表示	biǎo shì
s'intéresser (vp)	对 … 感兴趣	duì … gǎn xìng qù
sortir (aller dehors)	走出去	zǒu chū qù
sourire (vi)	微笑	wēi xiào
sous-estimer (vt)	轻视	qīng shì
suivre … (suivez-moi)	跟随	gēn suí
tirer (vi)	射击	shè jī
tomber (vi)	跌倒	diē dǎo
toucher (avec les mains)	摸	mō
tourner (~ à gauche)	转弯	zhuǎn wān
traduire (vt)	翻译	fān yì
travailler (vi)	工作	gōng zuò
tromper (vt)	骗	piàn
trouver (vt)	找到	zhǎo dào
tuer (vt)	杀死	shā sǐ
vendre (vt)	卖	mài
venir (vi)	来到	lái dào
voir (vt)	见，看见	jiàn, kàn jiàn
voler (avion, oiseau)	飞	fēi
voler (qch à qn)	偷窃	tōu qiè
vouloir (vt)	想，想要	xiǎng, xiǎng yào

LA NOTION DE TEMPS.
LE CALENDRIER

T&P Books Publishing

lundi (m)	星期一	xīng qī yī
mardi (m)	星期二	xīng qī èr
mercredi (m)	星期三	xīng qī sān
jeudi (m)	星期四	xīng qī sì
vendredi (m)	星期五	xīng qī wǔ
samedi (m)	星期六	xīng qī liù
dimanche (m)	星期天	xīng qī tiān
aujourd'hui (adv)	今天	jīn tiān
demain (adv)	明天	míng tiān
après-demain (adv)	后天	hòu tiān
hier (adv)	昨天	zuó tiān
avant-hier (adv)	前天	qián tiān
jour (m)	白天	bái tiān
jour (m) ouvrable	工作日	gōng zuò rì
jour (m) férié	节日	jié rì
jour (m) de repos	休假日	xiū jià rì
week-end (m)	周末	zhōu mò
toute la journée	一整天	yī zhěng tiān
le lendemain	次日	cì rì
il y a 2 jours	两天前	liǎng tiān qián
la veille	前一天	qián yī tiān
quotidien (adj)	每天的	měi tiān de
tous les jours	每天地	měi tiān de
semaine (f)	星期	xīng qī
la semaine dernière	上星期	shàng xīng qī
la semaine prochaine	次周	cì zhōu
hebdomadaire (adj)	每周的	měi zhōu de
chaque semaine	每周	měi zhōu
2 fois par semaine	一周两次	yīzhōu liǎngcì
tous les mardis	每个星期二	měi gè xīng qī èr

18. Les heures. Le jour et la nuit

matin (m)	早晨	zǎo chén
le matin	在上午	zài shàng wǔ
midi (m)	中午	zhōng wǔ
dans l'après-midi	在下午	zài xià wǔ
soir (m)	晚间	wǎn jiān

le soir	在晚上	zài wǎn shang
nuit (f)	夜晚	yè wǎn
la nuit	夜间	yè jiān
minuit (f)	午夜	wǔ yè

seconde (f)	秒	miǎo
minute (f)	分钟	fēn zhōng
heure (f)	小时	xiǎo shí
demi-heure (f)	半小时	bàn xiǎo shí
un quart d'heure	一刻钟	yī kè zhōng
quinze minutes	十五分钟	shíwǔ fēn zhōng
vingt-quatre heures	昼夜	zhòuyè

lever (m) du soleil	日出	rì chū
aube (f)	黎明	lí míng
point (m) du jour	清晨	qīng chén
coucher (m) du soleil	日落	rì luò

tôt le matin	一大早地	yī dà zǎo de
ce matin	今天早上	jīntiān zǎo shang
demain matin	明天早上	míngtiān zǎo shang

cet après-midi	今天下午	jīntiān xià wǔ
dans l'après-midi	在下午	zài xià wǔ
demain après-midi	明天下午	míngtiān xià wǔ

| ce soir | 今晚 | jīn wǎn |
| demain soir | 明天晚上 | míngtiān wǎn shang |

| autour de 4 heures | 快到四点钟了 | kuài dào sì diǎnzhōng le |
| vers midi | 十二点钟 | shí èr diǎnzhōng |

dans 20 minutes	二十分钟 以后	èrshí fēnzhōng yǐhòu
dans une heure	在一个小时	zài yī gè xiǎo shí
à temps	按时	àn shí

… moins le quart	差一刻	chà yī kè
en une heure	一小时内	yī xiǎo shí nèi
tous les quarts d'heure	每个十五分钟	měi gè shíwǔ fēnzhōng
24 heures sur 24	日夜	rì yè

19. Les mois. Les saisons

janvier (m)	一月	yī yuè
février (m)	二月	èr yuè
mars (m)	三月	sān yuè
avril (m)	四月	sì yuè
mai (m)	五月	wǔ yuè
juin (m)	六月	liù yuè
juillet (m)	七月	qī yuè

août (m)	八月	bā yuè
septembre (m)	九月	jiǔ yuè
octobre (m)	十月	shí yuè
novembre (m)	十一月	shí yī yuè
décembre (m)	十二月	shí èr yuè
printemps (m)	春季，春天	chūn jì
au printemps	在春季	zài chūn jì
de printemps (adj)	春天的	chūn tiān de
été (m)	夏天	xià tiān
en été	在夏天	zài xià tiān
d'été (adj)	夏天的	xià tiān de
automne (m)	秋天	qiū tiān
en automne	在秋季	zài qiū jì
d'automne (adj)	秋天的	qiū tiān de
hiver (m)	冬天	dōng tiān
en hiver	在冬季	zài dōng jì
d'hiver (adj)	冬天的	dōng tiān de
mois (m)	月，月份	yuè, yuèfèn
ce mois	本月	běn yuè
le mois prochain	次月	cì yuè
le mois dernier	上个月	shàng gè yuè
il y a un mois	一个月前	yī gè yuè qián
dans un mois	在一个月	zài yī gè yuè
dans 2 mois	过两个月	guò liǎng gè yuè
tout le mois	整个月	zhěnggè yuè
tout un mois	整个月	zhěnggè yuè
mensuel (adj)	每月的	měi yuè de
mensuellement	每月	měi yuè
chaque mois	每月	měi yuè
2 fois par mois	一个月两次	yī gè yuè liǎngcì
année (f)	年	nián
cette année	今年，本年度	jīn nián, běn nián dù
l'année prochaine	次年	cì nián
l'année dernière	去年	qù nián
il y a un an	一年前	yī nián qián
dans un an	在一年	zài yī nián
dans 2 ans	过两年	guò liǎng nián
toute l'année	一整年	yī zhěng nián
toute une année	表示一整年	biǎo shì yī zhěng nián
chaque année	每年	měi nián
annuel (adj)	每年的	měi nián de
annuellement	每年	měi nián

4 fois par an	一年四次	yī nián sì cì
date (f) (jour du mois)	日期	rìqī
date (f) (~ mémorable)	日期	rìqī
calendrier (m)	日历	rìlì
six mois	半年	bàn nián
semestre (m)	半年	bàn nián
saison (f)	季节	jì jié
siècle (m)	世纪	shì jì

LES VOYAGES. L'HÔTEL

USD CAD
EUR CHF
JPY HKD
GBP CNY

RECEPTION

T&P Books Publishing

tourisme (m)	旅游	lǚ yóu
touriste (m)	旅行者	lǚ xíng zhě
voyage (m) (à l'étranger)	旅行	lǚ xíng
aventure (f)	冒险	mào xiǎn
voyage (m)	旅行	lǚ xíng
vacances (f pl)	休假	xiū jià
être en vacances	放假	fàng jià
repos (m) (jours de ~)	休息	xiū xi
train (m)	火车	huǒ chē
en train	乘火车	chéng huǒchē
avion (m)	飞机	fēijī
en avion	乘飞机	chéng fēijī
en voiture	乘汽车	chéng qìchē
en bateau	乘船	chéng chuán
bagage (m)	行李	xíng li
malle (f)	手提箱	shǒu tí xiāng
chariot (m)	行李车	xíng li chē
passeport (m)	护照	hù zhào
visa (m)	签证	qiān zhèng
ticket (m)	票	piào
billet (m) d'avion	飞机票	fēijī piào
guide (m) (livre)	旅行指南	lǚ xíng zhǐ nán
carte (f)	地图	dì tú
région (f) (~ rurale)	地方	dì fang
endroit (m)	地方	dì fang
exotisme (m)	尖蕊鸢尾	jiān ruǐ yuān wěi
exotique (adj)	外来的	wài lái de
étonnant (adj)	惊人的	jīng rén de
groupe (m)	组	zǔ
excursion (f)	游览	yóu lǎn
guide (m) (personne)	导游	dǎo yóu

21. L'hôtel

| hôtel (m) | 酒店 | jiǔ diàn |
| motel (m) | 汽车旅馆 | qì chē lǚ guǎn |

3 étoiles	三星级	sān xīng jí
5 étoiles	五星级	wǔ xīng jí
descendre (à l'hôtel)	暂住	zàn zhù
chambre (f)	房间	fáng jiān
chambre (f) simple	单人间	dān rén jiān
chambre (f) double	双人间	shuāng rén jiān
réserver une chambre	订房间	dìng fáng jiān
demi-pension (f)	半膳宿	bàn shàn sù
pension (f) complète	全食宿	quán shí sù
avec une salle de bain	带洗澡间	dài xǐ zǎo jiān
avec une douche	带有淋浴	dài yǒu lín yù
télévision (f) par satellite	卫星电视	wèixīng diànshì
climatiseur (m)	空调	kōng tiáo
serviette (f)	毛巾，浴巾	máo jīn, yù jīn
clé (f)	钥匙	yào shi
administrateur (m)	管理者	guǎn lǐ zhě
femme (f) de chambre	女服务员	nǚ fú wù yuán
porteur (m)	行李生	xíng li shēng
portier (m)	看门人	kān mén rén
restaurant (m)	饭馆	fàn guǎn
bar (m)	酒吧	jiǔ bā
petit déjeuner (m)	早饭	zǎo fàn
dîner (m)	晚餐	wǎn cān
buffet (m)	自助餐	zì zhù cān
hall (m)	大厅	dà tīng
ascenseur (m)	电梯	diàn tī
PRIÈRE DE NE PAS DÉRANGER	请勿打扰	qǐng wù dǎ rǎo
DÉFENSE DE FUMER	禁止吸烟	jìnzhǐ xīyān

22. Le tourisme

monument (m)	纪念像	jì niàn xiàng
forteresse (f)	堡垒	bǎo lěi
palais (m)	宫殿	gōng diàn
château (m)	城堡	chéng bǎo
tour (f)	塔	tǎ
mausolée (m)	陵墓	líng mù
architecture (f)	建筑	jiàn zhù
médiéval (adj)	中世纪的	zhōng shì jì de
ancien (adj)	古老的	gǔ lǎo de
national (adj)	国家，国民	guó jiā, guó mín

connu (adj)	有名的	yǒu míng de
touriste (m)	旅行者	lǚ xíng zhě
guide (m) (personne)	导游	dǎo yóu
excursion (f)	游览	yóu lǎn
montrer (vt)	把 … 给 … 看	bǎ … gěi … kàn
raconter (une histoire)	讲	jiǎng

trouver (vt)	找到	zhǎo dào
se perdre (vp)	迷路	mí lù
plan (m) (du metro, etc.)	地图	dì tú
carte (f) (de la ville, etc.)	地图	dì tú

souvenir (m)	纪念品	jì niàn pǐn
boutique (f) de souvenirs	礼品店	lǐ pǐn diàn
prendre en photo	拍照	pāi zhào
se faire prendre en photo	拍照	pāi zhào

T&P BOOKS

LES TRANSPORTS

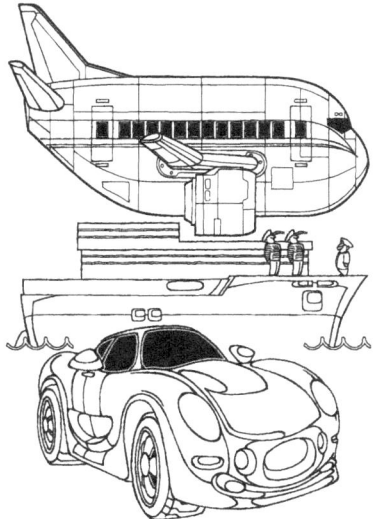

T&P Books Publishing

aéroport (m)	机场	jī chǎng
avion (m)	飞机	fēijī
compagnie (f) aérienne	航空公司	hángkōng gōngsī
contrôleur (m) aérien	调度员	diào dù yuán

départ (m)	出发	chū fā
arrivée (f)	到达	dào dá
arriver (par avion)	到达	dào dá

| temps (m) de départ | 起飞时间 | qǐ fēi shíjiān |
| temps (m) d'arrivée | 到达时间 | dào dá shíjiān |

| être retardé | 晚点 | wǎn diǎn |
| retard (m) de l'avion | 班机晚点 | bān jī wǎn diǎn |

tableau (m) d'informations	航班信息板	háng bān xìn xī bǎn
information (f)	信息	xìn xī
annoncer (vt)	通知	tōng zhī
vol (m)	航班，班机	háng bān, bān jī

| douane (f) | 海关 | hǎi guān |
| douanier (m) | 海关人员 | hǎi guān rényuán |

déclaration (f) de douane	报关单	bào guān dān
remplir la déclaration	填报关单	tián bào guān dān
contrôle (m) de passeport	护照检查	hùzhào jiǎnchá

bagage (m)	行李	xíng li
bagage (m) à main	手提行李	shǒu tí xíng li
service des objets trouvés	失物招领	shī wù zhāo lǐng
chariot (m)	行李车	xíng li chē

atterrissage (m)	着陆	zhuó lù
piste (f) d'atterrissage	跑道	pǎo dào
atterrir (vi)	着陆	zhuó lù
escalier (m) d'avion	舷梯	xián tī

enregistrement (m)	办理登机	bàn lǐ dēng jī
comptoir (m) d'enregistrement	办理登机手续处	bàn lǐ dēng jī shǒu xù chù
s'enregistrer (vp)	登记	dēng jì
carte (f) d'embarquement	登机牌	dēng jī pái
porte (f) d'embarquement	登机口	dēng jī kǒu
transit (m)	中转	zhōng zhuǎn

attendre (vt)	等候	děng hòu
salle (f) d'attente	出发大厅	chū fā dà tīng
raccompagner (à l'aéroport, etc.)	送别	sòng bié
dire au revoir	说再见	shuō zài jiàn

24. L'avion

avion (m)	飞机	fēijī
billet (m) d'avion	飞机票	fēijī piào
compagnie (f) aérienne	航空公司	hángkōng gōngsī
aéroport (m)	机场	jī chǎng
supersonique (adj)	超音速的	chāo yīn sù de

commandant (m) de bord	机长	jī zhǎng
équipage (m)	机组	jī zǔ
pilote (m)	飞行员	fēi xíng yuán
hôtesse (f) de l'air	空姐	kōng jiě
navigateur (m)	领航员	lǐng háng yuán

ailes (f pl)	机翼	jī yì
queue (f)	机尾	jī wěi
cabine (f)	座舱	zuò cāng
moteur (m)	发动机	fā dòng jī
train (m) d'atterrissage	起落架	qǐ luò jià
turbine (f)	涡轮	wō lún

hélice (f)	螺旋桨	luó xuán jiǎng
boîte (f) noire	黑匣子	hēi xiá zi
gouvernail (m)	飞机驾驶盘	fēijī jiàshǐpán
carburant (m)	燃料	rán liào

consigne (f) de sécurité	指南	zhǐ nán
masque (m) à oxygène	氧气面具	yǎngqì miànjù
uniforme (m)	制服	zhì fú
gilet (m) de sauvetage	救生衣	jiù shēng yī
parachute (m)	降落伞	jiàng luò sǎn

décollage (m)	起飞	qǐ fēi
décoller (vi)	起飞	qǐ fēi
piste (f) de décollage	跑道	pǎo dào

visibilité (f)	可见度	kě jiàn dù
vol (m) (~ d'oiseau)	飞行	fēi xíng
altitude (f)	高度	gāo dù
trou (m) d'air	气潭	qì tán

place (f)	座位	zuò wèi
écouteurs (m pl)	耳机	ěr jī
tablette (f)	折叠托盘	zhé dié tuō pán

| hublot (m) | 舷窗，机窗 | xián chuāng, jī chuāng |
| couloir (m) | 过道 | guò dào |

25. Le train

train (m)	火车	huǒ chē
train (m) de banlieue	电动火车	diàndòng huǒ chē
TGV (m)	快车	kuài chē
locomotive (f) diesel	内燃机车	nèiránjī chē
locomotive (f) à vapeur	蒸汽机车	zhēngqìjī chē
wagon (m)	铁路客车	tiě lù kè chē
wagon-restaurant (m)	餐车	cān chē
rails (m pl)	铁轨	tiě guǐ
chemin (m) de fer	铁路	tiě lù
traverse (f)	枕木	zhěn mù
quai (m)	月台	yuè tái
voie (f)	月台	yuè tái
sémaphore (m)	臂板信号机	bìbǎn xìnhào jī
station (f)	火车站	huǒ chē zhàn
conducteur (m) de train	火车司机	huǒ chē sī jī
porteur (m)	搬运工	bān yùn gōng
steward (m)	列车员	liè chē yuán
passager (m)	乘客	chéng kè
contrôleur (m) de billets	列车员	liè chē yuán
couloir (m)	走廊	zǒu láng
frein (m) d'urgence	紧急制动器	jǐn jí zhì dòng qì
compartiment (m)	包房	bāo fáng
couchette (f)	卧铺	wò pù
couchette (f) d'en haut	上铺	shàng pù
couchette (f) d'en bas	下铺	xià pù
linge (m) de lit	被单	bèi dān
ticket (m)	票	piào
horaire (m)	列车时刻表	lièchē shíkèbiǎo
tableau (m) d'informations	时刻表	shí kè biǎo
partir (vi)	离开	lí kāi
départ (m) (du train)	发车	fā chē
arriver (le train)	到达	dào dá
arrivée (f)	到达	dào dá
arriver en train	乘坐火车抵达	chéngzuò huǒchē dǐdá
prendre le train	上车	shàng chē
descendre du train	下车	xià chē

locomotive (f) à vapeur	蒸汽机车	zhēngqìjī chē
chauffeur (m)	添煤工	tiān méi gōng
chauffe (f)	火箱	huǒ xiāng
charbon (m)	煤炭	méi tàn

26. Le bateau

bateau (m)	大船	dà chuán
navire (m)	船	chuán
bateau (m) à vapeur	汽船	qì chuán
paquebot (m)	江轮	jiāng lún
bateau (m) de croisière	远洋班轮	yuǎn yáng bān lún
croiseur (m)	巡洋舰	xún yáng jiàn
yacht (m)	快艇	kuài tǐng
remorqueur (m)	拖轮	tuō lún
péniche (f)	驳船	bó chuán
ferry (m)	渡轮，渡船	dù lún, dù chuán
voilier (m)	帆船	fān chuán
brigantin (m)	双桅帆船	shuāng wéi fān chuán
brise-glace (m)	破冰船	pò bīng chuán
sous-marin (m)	潜水艇	qián shuǐ tǐng
canot (m) à rames	小船	xiǎo chuán
dinghy (m)	小艇	xiǎo tǐng
canot (m) de sauvetage	救生艇	jiù shēng tǐng
canot (m) à moteur	汽艇	qì tǐng
capitaine (m)	船长，舰长	chuán zhǎng, jiàn zhǎng
matelot (m)	水手	shuǐ shǒu
marin (m)	海员	hǎi yuán
équipage (m)	船员	chuán yuán
maître (m) d'équipage	水手长	shuǐ shǒu zhǎng
mousse (m)	小水手	xiǎo shuǐ shǒu
cuisinier (m) du bord	船上厨师	chuánshàng chúshī
médecin (m) de bord	随船医生	suí chuán yī shēng
pont (m)	甲板	jiǎ bǎn
mât (m)	桅	wéi
voile (f)	帆	fān
cale (f)	货舱	huò cāng
proue (f)	船头	chuán tóu
poupe (f)	船尾	chuán wěi
rame (f)	桨	jiǎng
hélice (f)	螺旋桨	luó xuán jiǎng

cabine (f)	小舱	xiǎo cāng
carré (m) des officiers	旅客休息室	lǚkè xiū xī shì
salle (f) des machines	轮机舱	lún jī cāng
passerelle (f)	舰桥	jiàn qiáo
cabine (f) de T.S.F.	无线电室	wú xiàn diàn shì
onde (f)	波	bō
journal (m) de bord	航海日志	háng hǎi rì zhì
longue-vue (f)	单筒望远镜	dān tǒng wàng yuǎn jìng
cloche (f)	钟	zhōng
pavillon (m)	旗	qí
grosse corde (f) tressée	缆绳	lǎn shéng
nœud (m) marin	结	jié
rampe (f)	栏杆	lán gān
passerelle (f)	舷梯	xián tī
ancre (f)	锚	máo
lever l'ancre	起锚	qǐ máo
jeter l'ancre	抛锚	pāo máo
chaîne (f) d'ancrage	锚链	máo liàn
port (m)	港市	gǎng shì
embarcadère (m)	码头	mǎ tóu
accoster (vi)	系泊	jì bó
larguer les amarres	启航	qǐ háng
voyage (m) (à l'étranger)	旅行	lǚ xíng
croisière (f)	航游	háng yóu
cap (m) (suivre un ~)	航向	háng xiàng
itinéraire (m)	航线	háng xiàn
chenal (m)	水路	shuǐ lù
bas-fond (m)	浅水	qiǎn shuǐ
échouer sur un bas-fond	搁浅	gē qiǎn
tempête (f)	风暴	fēng bào
signal (m)	信号	xìn hào
sombrer (vi)	沉没	chén mò
SOS (m)	求救信号	qiú jiù xìn hào
bouée (f) de sauvetage	救生圈	jiù shēng quān

T&P BOOKS

LA VILLE

T&P Books Publishing

autobus (m)	公共汽车	gōnggòng qìchē
tramway (m)	电车	diànchē
trolleybus (m)	无轨电车	wúguǐ diànchē
itinéraire (m)	路线	lù xiàn
numéro (m)	号	hào
prendre ...	··· 去	... qù
monter (dans l'autobus)	上车	shàng chē
descendre de ...	下车	xià chē
arrêt (m)	车站	chē zhàn
arrêt (m) prochain	下一站	xià yī zhàn
terminus (m)	终点站	zhōng diǎn zhàn
horaire (m)	时刻表	shí kè biǎo
attendre (vt)	等	děng
ticket (m)	票	piào
prix (m) du ticket	票价	piào jià
caissier (m)	出纳	chū nà
contrôle (m) des tickets	查验车票	chá yàn chē piào
contrôleur (m)	售票员	shòu piào yuán
être en retard	误点	wù diǎn
rater (~ le train)	未赶上	wèi gǎn shàng
se dépêcher	急忙	jí máng
taxi (m)	出租车	chūzūchē
chauffeur (m) de taxi	出租车司机	chūzūchē sī jī
en taxi	乘出租车	chéng chūzūchē
arrêt (m) de taxi	出租车站	chūzūchē zhàn
appeler un taxi	叫计程车	jiào jì chéng chē
prendre un taxi	乘出租车	chéng chūzūchē
trafic (m)	交通	jiāo tōng
embouteillage (m)	堵车	dǔ chē
heures (f pl) de pointe	高峰 时间	gāo fēng shí jiān
se garer (vp)	停放	tíng fàng
garer (vt)	停放	tíng fàng
parking (m)	停车场	tíng chē cháng
métro (m)	地铁	dì tiě
station (f)	站	zhàn
prendre le métro	坐地铁	zuò dì tiě

| train (m) | 火车 | huǒ chē |
| gare (f) | 火车站 | huǒ chē zhàn |

28. La ville. La vie urbaine

ville (f)	城市	chéng shì
capitale (f)	首都	shǒu dū
village (m)	村庄	cūn zhuāng
plan (m) de la ville	城市地图	chéng shì dìtú
centre-ville (m)	城市中心	chéng shì zhōngxīn
banlieue (f)	郊区	jiāo qū
de banlieue (adj)	郊区的	jiāo qū de
périphérie (f)	郊区	jiāo qū
alentours (m pl)	周围地区	zhōuwéi dì qū
quartier (m)	街区	jiē qū
quartier (m) résidentiel	住宅区	zhù zhái qū
trafic (m)	交通	jiāo tōng
feux (m pl) de circulation	红绿灯	hóng lǜ dēng
transport (m) urbain	公共交通	gōng gòng jiāo tōng
carrefour (m)	十字路口	shí zì lù kǒu
passage (m) piéton	人行横道	rén xíng héng dào
passage (m) souterrain	人行地道	rén xíng dìdào
traverser (vt)	穿马路	chuān mǎ lù
piéton (m)	行人	xíng rén
trottoir (m)	人行道	rén xíng dào
pont (m)	桥	qiáo
quai (m)	堤岸	dī àn
fontaine (f)	喷泉	pēn quán
allée (f)	小巷	xiǎo xiàng
parc (m)	公园	gōng yuán
boulevard (m)	林荫大道	lín yìn dàdào
place (f)	广场	guǎng chǎng
avenue (f)	大街	dàjiē
rue (f)	路	lù
ruelle (f)	胡同	hú tòng
impasse (f)	死胡同	sǐ hú tòng
maison (f)	房子	fáng zi
édifice (m)	楼房，大厦	lóufáng, dàshà
gratte-ciel (m)	摩天大楼	mó tiān dà lóu
façade (f)	正面	zhèng miàn
toit (m)	房顶	fáng dǐng
fenêtre (f)	窗户	chuāng hu

arc (m)	拱门	gŏng mén
colonne (f)	柱	zhù
coin (m)	拐角	guǎi jiǎo

vitrine (f)	商店橱窗	shāng diàn chú chuāng
enseigne (f)	招牌	zhāo pái
affiche (f)	海报	hǎi bào
affiche (f) publicitaire	广告画	guǎnggào huà
panneau-réclame (m)	广告牌	guǎnggào pái

ordures (f pl)	垃圾	lā jī
poubelle (f)	垃圾桶	lā jī tŏng
jeter à terre	乱扔	luàn rēng
décharge (f)	垃圾堆	lājī duī

cabine (f) téléphonique	电话亭	diàn huà tíng
réverbère (m)	路灯	lù dēng
banc (m)	长椅	chángyǐ

policier (m)	警察	jǐng chá
police (f)	警察	jǐng chá
clochard (m)	乞丐	qǐgài

29. Les institutions urbaines

magasin (m)	商店	shāng diàn
pharmacie (f)	药房	yào fáng
opticien (m)	眼镜店	yǎn jìng diàn
centre (m) commercial	百货商店	bǎihuò shāngdiàn
supermarché (m)	超市	chāo shì

boulangerie (f)	面包店	miànbāo diàn
boulanger (m)	面包师	miànbāo shī
pâtisserie (f)	糖果店	tángguǒ diàn
boucherie (f)	肉铺	ròu pù

| magasin (m) de légumes | 水果店 | shuǐ guǒ diàn |
| marché (m) | 市场 | shì chǎng |

salon (m) de café	咖啡馆	kāfēi guǎn
restaurant (m)	饭馆	fàn guǎn
brasserie (f)	酒吧	jiǔ bā
pizzeria (f)	比萨饼店	bǐ sà bǐng diàn

salon (m) de coiffure	理发店	lǐ fà diàn
poste (f)	邮局	yóu jú
pressing (m)	干洗店	gān xǐ diàn
atelier (m) de photo	照相馆	zhào xiàng guǎn
magasin (m) de chaussures	鞋店	xié diàn
librairie (f)	书店	shū diàn

magasin (m) d'articles de sport	体育用品店	tǐ yù yòng pǐn diàn
atelier (m) de retouche	修衣服店	xiū yī fu diàn
location (f) de vêtements	服装出租	fú zhuāng chū zū
location (f) de films	DVD出租店	diwidi chūzūdiàn
cirque (m)	马戏团	mǎ xì tuán
zoo (m)	动物园	dòng wù yuán
cinéma (m)	电影院	diànyǐng yuàn
musée (m)	博物馆	bó wù guǎn
bibliothèque (f)	图书馆	tú shū guǎn
théâtre (m)	剧院	jù yuàn
opéra (m)	歌剧院	gē jù yuàn
boîte (f) de nuit	夜总会	yè zǒng huì
casino (m)	赌场	dǔ chǎng
mosquée (f)	清真寺	qīng zhēn sì
synagogue (f)	犹太教堂	yóu tài jiào táng
cathédrale (f)	大教堂	dà jiào táng
temple (m)	庙宇，教堂	miào yǔ, jiào táng
église (f)	教堂	jiào táng
institut (m)	学院	xué yuàn
université (f)	大学	dà xué
école (f)	学校	xué xiào
mairie (f)	市政厅	shì zhèng tīng
hôtel (m)	酒店	jiǔ diàn
banque (f)	银行	yín háng
ambassade (f)	大使馆	dà shǐ guǎn
agence (f) de voyages	旅行社	lǚ xíng shè
bureau (m) d'information	问询处	wèn xún chù
bureau (m) de change	货币兑换处	huòbì duì huàn chù
métro (m)	地铁	dì tiě
hôpital (m)	医院	yī yuàn
station-service (f)	加油站	jiā yóu zhàn
parking (m)	停车场	tíng chē cháng

30. Les enseignes. Les panneaux

enseigne (f)	招牌	zhāo pái
pancarte (f)	题词	tí cí
poster (m)	宣传画	xuān chuán huà
indicateur (m) de direction	指路标志	zhǐ lù biāo zhì
flèche (f)	箭头	jiàn tóu
avertissement (m)	警告	jǐng gào

| panneau d'avertissement | 警告 | jīng gào |
| avertir (vt) | 警告 | jīng gào |

jour (m) de repos	休假日	xiū jià rì
horaire (m)	时刻表	shí kè biǎo
heures (f pl) d'ouverture	营业时间	yíng yè shí jiān

BIENVENUE!	欢迎光临	huān yíng guāng lín
ENTRÉE	入口	rù kǒu
SORTIE	出口	chū kǒu

| POUSSER | 推 | tuī |
| TIRER | 拉 | lā |

| OUVERT | 开门 | kāi mén |
| FERMÉ | 关门 | guān mén |

| FEMMES | 女洗手间 | nǚ xǐshǒujiān |
| HOMMES | 男洗手间 | nán xǐshǒujiān |

| RABAIS | 折扣 | zhé kòu |
| SOLDES | 销售 | xiāoshòu |

| NOUVEAU! | 新品! | xīnpǐn! |
| GRATUIT | 免费 | miǎn fèi |

ATTENTION!	请注意	qǐng zhù yì
COMPLET	客满	kè mǎn
RÉSERVÉ	留座	liú zuò

| ADMINISTRATION | 高层管理者 | gāocéng guǎnlǐ zhě |
| RÉSERVÉ AU PERSONNEL | 仅限员工通行 | jǐn xiàn yuángōng tōngxíng |

ATTENTION CHIEN MÉCHANT	当心狗!	dāng xīn gǒu!
DÉFENSE DE FUMER	禁止吸烟	jìnzhǐ xīyān
PRIÈRE DE NE PAS TOUCHER	禁止触摸	jìn zhǐ chù mō

DANGEREUX	危险	wēi xiǎn
DANGER	危险	wēi xiǎn
HAUTE TENSION	高压危险	gāo yā wēi xiǎn

| BAIGNADE INTERDITE | 禁止游泳 | jìnzhǐ yóuyǒng |
| HORS SERVICE | 故障中 | gù zhàng zhōng |

| INFLAMMABLE | 易燃物质 | yì rán wù zhì |
| INTERDIT | 禁止 | jìn zhǐ |

| PASSAGE INTERDIT | 禁止通行 | jìnzhǐ tōng xíng |
| PEINTURE FRAÎCHE | 油漆未干 | yóu qī wèi gān |

31. Le shopping

acheter (vt)	买，购买	mǎi, gòu mǎi
achat (m)	购买	gòu mǎi
faire des achats	去买东西	qù mǎi dōng xi
shopping (m)	购物	gòu wù
être ouvert	营业	yíng yè
être fermé	关门	guān mén
chaussures (f pl)	鞋类	xié lèi
vêtement (m)	服装	fú zhuāng
produits (m pl) de beauté	化妆品	huà zhuāng pǐn
produits (m pl) alimentaires	食品	shí pǐn
cadeau (m)	礼物	lǐ wù
vendeur (m)	售货员	shòu huò yuán
vendeuse (f)	女售货员	nǚ shòuhuò yuán
caisse (f)	收银台	shōu yín tái
miroir (m)	镜子	jìng zi
comptoir (m)	柜台	guì tái
cabine (f) d'essayage	试衣间	shì yī jiān
essayer (robe, etc.)	试穿	shì chuān
aller bien (robe, etc.)	合适	hé shì
plaire (être apprécié)	喜欢	xǐ huan
prix (m)	价格	jià gé
étiquette (f) de prix	价格标签	jià gé biāo qiān
coûter (vt)	价钱为	jià qian wèi
Combien?	多少钱?	duōshao qián?
rabais (m)	折扣	zhé kòu
pas cher (adj)	不贵的	bù guì de
bon marché (adj)	便宜的	pián yi de
cher (adj)	贵的	guì de
C'est cher	这个太贵	zhège tàiguì
location (f)	出租	chū zū
louer (une voiture, etc.)	租用	zū yòng
crédit (m)	赊购	shē gòu
à crédit (adv)	赊欠	shē qiàn

T&P BOOKS

LES VÊTEMENTS &
LES ACCESSOIRES

T&P Books Publishing

32. Les vêtements d'extérieur

vêtement (m)	服装	fú zhuāng
survêtement (m)	外衣，上衣	wài yī, shàng yī
vêtement (m) d'hiver	寒衣	hán yī
manteau (m)	大衣	dà yī
manteau (m) de fourrure	皮大衣	pí dà yī
veste (f) de fourrure	皮草短外套	pí cǎo duǎn wài tào
manteau (m) de duvet	羽绒服	yǔ róng fú
veste (f) (~ en cuir)	茄克衫	jiā kè shān
imperméable (m)	雨衣	yǔ yī
imperméable (adj)	不透水的	bù tòu shuǐ de

33. Les vêtements

chemise (f)	衬衫	chèn shān
pantalon (m)	裤子	kù zi
jean (m)	牛仔裤	niú zǎi kù
veston (m)	西服上衣	xī fú shàng yī
complet (m)	套装	tào zhuāng
robe (f)	连衣裙	lián yī qún
jupe (f)	裙子	qún zi
chemisette (f)	女衬衫	nǚ chèn shān
veste (f) en laine	针织毛衣	zhēn zhī máo yī
jaquette (f), blazer (m)	茄克衫	jiā kè shān
tee-shirt (m)	T恤	T xù
short (m)	短裤	duǎn kù
costume (m) de sport	运动服	yùn dòng fú
peignoir (m) de bain	浴衣	yù yī
pyjama (m)	睡衣	shuì yī
chandail (m)	毛衣	máo yī
pull-over (m)	套头衫	tào tóu shān
gilet (m)	马甲	mǎ jiǎ
queue-de-pie (f)	燕尾服	yàn wěi fú
smoking (m)	无尾礼服	wú wěi lǐ fú
uniforme (m)	制服	zhì fú
tenue (f) de travail	工作服	gōng zuò fú

| salopette (f) | 连体服 | lián tǐ fú |
| blouse (f) (d'un médecin) | 医师服 | yī shī fú |

34. Les sous-vêtements

sous-vêtements (m pl)	内衣	nèi yī
maillot (m) de corps	汗衫	hàn shān
chaussettes (f pl)	短袜	duǎn wà

chemise (f) de nuit	睡衣	shuì yī
soutien-gorge (m)	乳罩	rǔ zhào
chaussettes (f pl) hautes	膝上袜	xī shàng wà
collants (m pl)	连裤袜	lián kù wà
bas (m pl)	长筒袜	cháng tǒng wà
maillot (m) de bain	游泳衣	yóu yǒng yī

35. Les chapeaux

chapeau (m)	帽子	mào zi
chapeau (m) feutre	礼帽	lǐ mào
casquette (f) de base-ball	棒球帽	bàng qiú mào
casquette (f)	鸭舌帽	yā shé mào

béret (m)	贝雷帽	bèi léi mào
capuche (f)	风帽	fēng mào
panama (m)	巴拿马草帽	bānámǎ cǎo mào
bonnet (m) de laine	针织帽	zhēn zhī mào

| foulard (m) | 头巾 | tóujīn |
| chapeau (m) de femme | 女式帽 | nǚshì mào |

casque (m) (d'ouvriers)	安全帽	ān quán mào
calot (m)	船形帽	chuán xíng mào
casque (m) (~ de moto)	头盔	tóu kuī

| melon (m) | 圆顶礼帽 | yuán dǐng lǐ mào |
| haut-de-forme (m) | 大礼帽 | dà lǐ mào |

36. Les chaussures

chaussures (f pl)	鞋类	xié lèi
bottines (f pl)	短靴	duǎn xuē
souliers (m pl) (~ plats)	翼尖鞋	yì jiān xié
bottes (f pl)	靴子	xuē zi
chaussons (m pl)	拖鞋	tuō xié
tennis (m pl)	运动鞋	yùndòng xié

| baskets (f pl) | 胶底运动鞋 | jiāodǐ yùndòng xié |
| sandales (f pl) | 凉鞋 | liáng xié |

cordonnier (m)	鞋匠	xié jiàng
talon (m)	鞋后跟	xié hòu gēn
paire (f)	一双	yī shuāng

lacet (m)	鞋带	xié dài
lacer (vt)	系鞋带	jì xié dài
chausse-pied (m)	鞋拔	xié bá
cirage (m)	鞋油	xié yóu

37. Les accessoires personnels

gants (m pl)	手套	shǒu tào
moufles (f pl)	连指手套	lián zhǐ shǒu tào
écharpe (f)	围巾	wéi jīn

lunettes (f pl)	眼镜	yǎn jìng
monture (f)	眼镜框	yǎn jìng kuàng
parapluie (m)	雨伞	yǔ sǎn
canne (f)	手杖	shǒu zhàng
brosse (f) à cheveux	梳子	shū zi
éventail (m)	扇子	shàn zi

cravate (f)	领带	lǐng dài
nœud papillon (m)	领结	lǐng jié
bretelles (f pl)	吊裤带	diào kù dài
mouchoir (m)	手帕	shǒu pà

peigne (m)	梳子	shū zi
barrette (f)	发夹	fà jiā
épingle (f) à cheveux	发针	fà zhēn
boucle (f)	皮带扣	pí dài kòu

| ceinture (f) | 腰带 | yāo dài |
| bandoulière (f) | 肩带 | jiān dài |

sac (m)	包	bāo
sac (m) à main	女手提包	nǚ shǒutí bāo
sac (m) à dos	背包	bēi bāo

38. Les vêtements. Divers

mode (f)	时装	shí zhuāng
à la mode (adj)	正在流行	zhèng zài liú xíng
couturier,	时装设计师	shízhuāng shèjìshī
créateur de mode		

col (m)	衣领，领子	yī lǐng, lǐng zi
poche (f)	口袋	kǒu dài
de poche (adj)	口袋的	kǒu dài de
manche (f)	袖子	xiù zi
bride (f)	挂衣环	guà yī huán
braguette (f)	前开口	qián kāi kǒu
fermeture (f) à glissière	拉链	lā liàn
agrafe (f)	扣子	kòu zi
bouton (m)	纽扣	niǔ kòu
boutonnière (f)	纽扣孔	niǔ kòu kǒng
s'arracher (bouton)	掉	diào
coudre (vi, vt)	缝纫	féng rèn
broder (vt)	绣	xiù
broderie (f)	绣花	xiù huā
aiguille (f)	针	zhēn
fil (m)	线	xiàn
couture (f)	线缝	xiàn féng
se salir (vp)	弄脏	nòng zāng
tache (f)	污点，污迹	wū diǎn, wū jì
se froisser (vp)	起皱	qǐ zhòu
déchirer (vt)	扯破	chě pò
mite (f)	衣蛾	yī é

39. L'hygiène corporelle. Les cosmétiques

dentifrice (m)	牙膏	yá gāo
brosse (f) à dents	牙刷	yá shuā
se brosser les dents	刷牙	shuā yá
rasoir (m)	剃须刀	tì xū dāo
crème (f) à raser	剃须膏	tì xū gāo
se raser (vp)	刮脸	guā liǎn
savon (m)	肥皂	féi zào
shampooing (m)	洗发液	xǐ fā yè
ciseaux (m pl)	剪子，剪刀	jiǎn zi, jiǎndāo
lime (f) à ongles	指甲锉	zhǐ jia cuò
pinces (f pl) à ongles	指甲钳	zhǐ jia qián
pince (f) à épiler	镊子	niè zi
produits (m pl) de beauté	化妆品	huà zhuāng pǐn
masque (m) de beauté	面膜	miàn mó
manucure (f)	美甲	měi jiǎ
se faire les ongles	修指甲	xiū zhǐ jia
pédicurie (f)	足部护理	zú bù hù lǐ
trousse (f) de toilette	化妆包	huà zhuāng bāo

poudre (f)	粉	fěn
poudrier (m)	粉盒	fěn hé
fard (m) à joues	胭脂	yān zhī

parfum (m)	香水	xiāng shuǐ
eau (f) de toilette	香水	xiāng shuǐ
lotion (f)	润肤液	rùn fū yè
eau de Cologne (f)	古龙水	gǔ lóng shuǐ

fard (m) à paupières	眼影	yǎn yǐng
crayon (m) à paupières	眼线笔	yǎn xiàn bǐ
mascara (m)	睫毛膏	jié máo gāo

rouge (m) à lèvres	口红	kǒu hóng
vernis (m) à ongles	指甲油	zhǐjia yóu
laque (f) pour les cheveux	喷雾发胶	pēn wù fà jiāo
déodorant (m)	除臭剂	chú chòu jì

crème (f)	护肤霜	hù fū shuāng
crème (f) pour le visage	面霜	miàn shuāng
crème (f) pour les mains	护手霜	hù shǒu shuāng
crème (f) anti-rides	抗皱霜	kàng zhòu shuāng
de jour (adj)	白天的	bái tiān de
de nuit (adj)	夜间的	yè jiān de

tampon (m)	卫生棉条	wèi shēng mián tiáo
papier (m) de toilette	卫生纸	wèi shēng zhǐ
sèche-cheveux (m)	吹风机	chuī fēng jī

40. Les montres. Les horloges

montre (f)	手表	shǒu biǎo
cadran (m)	钟面	zhōng miàn
aiguille (f)	指针	zhǐ zhēn
bracelet (m)	手表链	shǒu biǎo liàn
bracelet (m) (en cuir)	表带	biǎo dài

pile (f)	电池	diàn chí
être déchargé	没电	méi diàn
changer de pile	换电池	huàn diàn chí

| avancer (vi) | 快 | kuài |
| retarder (vi) | 慢 | màn |

pendule (f)	挂钟	guà zhōng
sablier (m)	沙漏	shā lòu
cadran (m) solaire	日规	rì guī
réveil (m)	闹钟	nào zhōng
horloger (m)	钟表匠	zhōng biǎo jiàng
réparer (vt)	修理	xiū lǐ

T&P BOOKS

L'EXPÉRIENCE QUOTIDIENNE

T&P Books Publishing

argent (m)	钱，货币	qián, huòbì
échange (m)	兑换	duì huàn
cours (m) de change	汇率	huì lǜ
distributeur (m)	自动取款机	zì dòng qǔ kuǎn jī
monnaie (f)	硬币	yìngbì
dollar (m)	美元	měi yuán
euro (m)	欧元	ōu yuán
lire (f)	里拉	lǐ lā
mark (m) allemand	德国马克	dé guó mǎ kè
franc (m)	法郎	fǎ láng
livre sterling (f)	英镑	yīng bàng
yen (m)	日元	rì yuán
dette (f)	债务	zhài wù
débiteur (m)	债务人	zhài wù rén
prêter (vt)	借给	jiè gěi
emprunter (vt)	借	jiè
banque (f)	银行	yín háng
compte (m)	账户	zhànghù
verser dans le compte	存款	cún kuǎn
retirer du compte	提取	tí qǔ
carte (f) de crédit	信用卡	xìn yòng kǎ
espèces (f pl)	现金	xiàn jīn
chèque (m)	支票	zhī piào
faire un chèque	开支票	kāi zhī piào
chéquier (m)	支票本	zhīpiào běn
portefeuille (m)	钱包	qián bāo
bourse (f)	零钱包	líng qián bāo
porte-monnaie (m)	钱夹	qián jiā
coffre fort (m)	保险柜	bǎo xiǎn guì
héritier (m)	继承人	jì chéng rén
héritage (m)	遗产	yí chǎn
fortune (f)	财产，财富	cáichǎn, cáifù
location (f)	租赁	zū lìn
loyer (m) (argent)	租金	zū jīn
louer (prendre en location)	租房	zū fáng
prix (m)	价格	jià gé

| coût (m) | 价钱 | jià qian |
| somme (f) | 金额 | jīn é |

dépenser (vt)	花	huā
dépenses (f pl)	花费	huā fèi
économiser (vt)	节省	jié shěng
économe (adj)	节约的	jié yuē de

payer (régler)	付, 支付	fù, zhī fù
paiement (m)	酬金	chóu jīn
monnaie (f) (rendre la ~)	零钱	líng qián

impôt (m)	税, 税款	shuì, shuì kuǎn
amende (f)	罚款	fá kuǎn
mettre une amende	罚款	fá kuǎn

42. La poste. Les services postaux

poste (f)	邮局	yóu jú
courrier (m) (lettres, etc.)	邮件	yóu jiàn
facteur (m)	邮递员	yóu dì yuán
heures (f pl) d'ouverture	营业时间	yíng yè shí jiān

lettre (f)	信, 信函	xìn, xìn hán
recommandé (m)	挂号信	guà hào xìn
carte (f) postale	明信片	míng xìn piàn
télégramme (m)	电报	diàn bào
colis (m)	包裹, 邮包	bāo guǒ, yóu bāo
mandat (m) postal	汇款资讯	huì kuǎn zī xùn

recevoir (vt)	收到	shōu dào
envoyer (vt)	寄	jì
envoi (m)	发信	fā xìn

adresse (f)	地址	dì zhǐ
code (m) postal	邮编	yóu biān
expéditeur (m)	发信人	fā xìn rén
destinataire (m)	收信人	shōu xìn rén

| prénom (m) | 名字 | míng zi |
| nom (m) de famille | 姓 | xìng |

tarif (m)	费率	fèi lǜ
normal (adj)	普通	pǔ tōng
économique (adj)	经济的	jīng jì de

poids (m)	重量	zhòng liàng
peser (~ les lettres)	称重	chēng zhòng
enveloppe (f)	信封	xìn fēng
timbre (m)	邮票	yóu piào

43. Les opérations bancaires

banque (f)	银行	yín háng
agence (f) bancaire	分支机构	fēn zhī jī gòu
conseiller (m)	顾问	gù wèn
gérant (m)	主管人	zhǔ guǎn rén
compte (m)	账户	zhànghù
numéro (m) du compte	账号	zhàng hào
compte (m) courant	活期帐户	huó qī zhànghù
compte (m) sur livret	储蓄账户	chǔ xù zhànghù
ouvrir un compte	开立账户	kāilì zhànghù
clôturer le compte	关闭 帐户	guān bì zhànghù
verser dans le compte	存入帐户	cúnrù zhànghù
retirer du compte	提取	tí qǔ
dépôt (m)	存款	cún kuǎn
faire un dépôt	存款	cún kuǎn
virement (m) bancaire	汇款	huì kuǎn
faire un transfert	汇款	huì kuǎn
somme (f)	金额	jīn é
Combien?	多少钱?	duōshao qián?
signature (f)	签名	qiān míng
signer (vt)	签名	qiān míng
carte (f) de crédit	信用卡	xìn yòng kǎ
code (m)	密码	mì mǎ
numéro (m) de carte de crédit	信用卡号码	xìn yòng kǎ hào mǎ
distributeur (m)	自动取款机	zì dòng qǔ kuǎn jī
chèque (m)	支票	zhī piào
faire un chèque	开支票	kāi zhī piào
chéquier (m)	支票本	zhīpiào běn
crédit (m)	贷款	dàikuǎn
demander un crédit	借款	jiè kuǎn
prendre un crédit	取得贷款	qǔ dé dàikuǎn
accorder un crédit	贷款给 …	dàikuǎn gěi …
gage (m)	保证	bǎo zhèng

44. Le téléphone. La conversation téléphonique

téléphone (m)	电话	diàn huà
portable (m)	手机	shǒu jī

répondeur (m)	答录机	dā lù jī
téléphoner, appeler	打电话	dǎ diàn huà
appel (m)	电话	diàn huà
composer le numéro	拨号码	bō hào mǎ
Allô!	喂!	wèi!
demander (~ l'heure)	问	wèn
répondre (vi, vt)	接电话	jiē diàn huà
entendre (bruit, etc.)	听见	tīng jiàn
bien (adv)	好	hǎo
mal (adv)	不好	bù hǎo
bruits (m pl)	干扰声	gān rǎo shēng
récepteur (m)	听筒	tīng tǒng
décrocher (vt)	接听	jiē tīng
raccrocher (vi)	挂断	guà duàn
occupé (adj)	占线的	zhàn xiàn de
sonner (vi)	响	xiǎng
carnet (m) de téléphone	电话薄	diàn huà bù
local (adj)	本地的	běn dì de
interurbain (adj)	长途	cháng tú
international (adj)	国际的	guó jì de

45. Le téléphone portable

portable (m)	手机	shǒu jī
écran (m)	显示器	xiǎn shì qì
bouton (m)	按钮	àn niǔ
carte SIM (f)	SIM 卡	sim kǎ
pile (f)	电池	diàn chí
être déchargé	没电	méi diàn
chargeur (m)	充电器	chōng diàn qì
menu (m)	菜单	cài dān
réglages (m pl)	设置	shè zhì
mélodie (f)	曲调	qǔ diào
sélectionner (vt)	挑选	tiāo xuǎn
calculatrice (f)	计算器	jì suàn qì
répondeur (m)	答录机	dā lù jī
réveil (m)	闹钟	nào zhōng
contacts (m pl)	电话薄	diàn huà bù
SMS (m)	短信	duǎn xìn
abonné (m)	用户	yòng hù

46. La papeterie

stylo (m) à bille	圆珠笔	yuán zhū bǐ
stylo (m) à plume	钢笔	gāng bǐ
crayon (m)	铅笔	qiān bǐ
marqueur (m)	荧光笔	yíng guāng bǐ
feutre (m)	水彩笔	shuǐ cǎi bǐ
bloc-notes (m)	记事簿	jì shì bù
agenda (m)	日记本	rì jì běn
règle (f)	直尺	zhí chǐ
calculatrice (f)	计算器	jì suàn qì
gomme (f)	橡皮擦	xiàng pí cā
punaise (f)	图钉	tú dīng
trombone (m)	回形针	huí xíng zhēn
colle (f)	胶水	jiāo shuǐ
agrafeuse (f)	钉书机	dīng shū jī
perforateur (m)	打孔机	dǎ kǒng jī
taille-crayon (m)	卷笔刀	juǎn bǐ dāo

47. Les langues étrangères

langue (f)	语言	yǔ yán
langue (f) étrangère	外语	wài yǔ
étudier (vt)	学习	xué xí
apprendre (~ l'arabe)	学，学习	xué, xué xí
lire (vi, vt)	读	dú
parler (vi, vt)	说	shuō
comprendre (vt)	明白	míng bai
écrire (vt)	写	xiě
vite (adv)	快	kuài
lentement (adv)	慢慢地	màn màn de
couramment (adv)	流利	liú lì
règles (f pl)	规则	guī zé
grammaire (f)	语法	yǔ fǎ
vocabulaire (m)	词汇	cí huì
phonétique (f)	语音学	yǔ yīn xué
manuel (m)	课本	kè běn
dictionnaire (m)	词典	cí diǎn
manuel (m) autodidacte	自学的书	zì xué de shū
guide (m) de conversation	短语手册	duǎn yǔ shǒu cè
cassette (f)	磁带	cí dài

cassette (f) vidéo	录像带	lù xiàng dài
CD (m)	光盘	guāng pán
DVD (m)	数字影碟	shù zì yǐng dié

alphabet (m)	字母表	zì mǔ biǎo
épeler (vt)	拼写	pīn xiě
prononciation (f)	发音	fā yīn

accent (m)	口音	kǒu yin
avec un accent	带口音	dài kǒu yin
sans accent	没有口音	méiyǒu kǒuyin

| mot (m) | 字，单词 | zì, dāncí |
| sens (m) | 意义 | yì yì |

cours (m pl)	讲座	jiǎng zuò
s'inscrire (vp)	报名	bào míng
professeur (m) (~ d'anglais)	老师	lǎo shī

traduction (f) (action)	翻译	fān yì
traduction (f) (texte)	翻译	fān yì
traducteur (m)	翻译，译者	fān yì, yì zhě
interprète (m)	口译者	kǒu yì zhě
mémoire (f)	记忆力	jì yì lì

LES REPAS.
LE RESTAURANT

T&P Books Publishing

48. Le dressage de la table

cuillère (f)	勺子	sháo zi
couteau (m)	刀, 刀子	dāo, dāo zi
fourchette (f)	叉, 餐叉	chā, cān chā
tasse (f)	杯子	bēi zi
assiette (f)	盘子	pán zi
soucoupe (f)	碟子	dié zi
serviette (f)	餐巾	cān jīn
cure-dent (m)	牙签	yá qiān

49. Le restaurant

restaurant (m)	饭馆	fàn guǎn
salon (m) de café	咖啡馆	kāfēi guǎn
bar (m)	酒吧	jiǔ bā
salon (m) de thé	茶馆	chá guǎn
serveur (m)	服务员	fú wù yuán
serveuse (f)	女服务员	nǚ fú wù yuán
barman (m)	酒保	jiǔ bǎo
carte (f)	菜单	cài dān
carte (f) des vins	酒单	jiǔ dān
réserver une table	订桌子	dìng zhuō zi
plat (m)	菜	cài
commander (vt)	订菜	dìng cài
faire la commande	订菜	dìng cài
apéritif (m)	开胃酒	kāi wèi jiǔ
hors-d'œuvre (m)	开胃菜	kāi wèi cài
dessert (m)	甜点心	tián diǎn xīn
addition (f)	账单	zhàng dān
régler l'addition	付账	fù zhàng
rendre la monnaie	找零钱	zhǎo líng qián
pourboire (m)	小费	xiǎo fèi

50. Les repas

nourriture (f)	食物	shí wù
manger (vi, vt)	吃	chī

petit déjeuner (m)	早饭	zǎo fàn
prendre le petit déjeuner	吃早饭	chī zǎo fàn
déjeuner (m)	午饭	wǔ fàn
déjeuner (vi)	吃午饭	chī wǔ fàn
dîner (m)	晚餐	wǎn cān
dîner (vi)	吃晚饭	chī wǎn fàn
appétit (m)	胃口	wèi kǒu
Bon appétit!	请慢用!	qǐng màn yòng!
ouvrir (vt)	打开	dǎ kāi
renverser (liquide)	洒出	sǎ chū
se renverser (liquide)	洒出	sǎ chū
bouillir (vi)	煮开	zhǔ kāi
faire bouillir	烧开	shāo kāi
bouilli (l'eau ~e)	煮开过的	zhǔ kāi guò de
refroidir (vt)	变凉	biàn liáng
se refroidir (vp)	变凉	biàn liáng
goût (m)	味道	wèi dào
arrière-goût (m)	回味，余味	huí wèi, yú wèi
suivre un régime	减肥	jiǎn féi
régime (m)	日常饮食	rì cháng yǐn shí
vitamine (f)	维生素	wéi shēng sù
calorie (f)	卡路里	kǎlùlǐ
végétarien (m)	素食者	sù shí zhě
végétarien (adj)	素的	sù de
lipides (m pl)	脂肪	zhī fáng
protéines (f pl)	蛋白质	dàn bái zhì
glucides (m pl)	碳水化合物	tàn shuǐ huà hé wù
tranche (f)	一片	yī piàn
morceau (m)	一块	yī kuài
miette (f)	面包屑	miàn bāo xiè

51. Les plats cuisinés

plat (m)	菜	cài
cuisine (f)	菜肴	cài yáo
recette (f)	烹饪法	pēng rèn fǎ
portion (f)	一份	yī fèn
salade (f)	沙拉	shā lā
soupe (f)	汤	tāng
bouillon (m)	清汤	qīng tāng
sandwich (m)	三明治	sān míng zhì
les œufs brouillés	煎蛋	jiān dàn

boulette (f)	肉饼	ròu bǐng
hamburger (m)	汉堡	hàn bǎo
steak (m)	牛排	niú pái
rôti (m)	烤肉	kǎo ròu
garniture (f)	配菜	pèi cài
spaghettis (m pl)	意大利面条	yì dà lì miàn tiáo
purée (f)	土豆泥	tǔ dòu ní
pizza (f)	比萨饼	bǐ sà bǐng
bouillie (f)	麦片粥	mài piàn zhōu
omelette (f)	鸡蛋饼	jīdàn bǐng
cuit à l'eau (adj)	煮熟的	zhǔ shóu de
fumé (adj)	熏烤的	xūn kǎo de
frit (adj)	油煎的	yóu jiān de
sec (adj)	干的	gān de
congelé (adj)	冷冻的	lěng dòng de
mariné (adj)	醋渍的	cù zì de
sucré (adj)	甜的	tián de
salé (adj)	咸的	xián de
froid (adj)	冷的	lěng de
chaud (adj)	烫的	tàng de
amer (adj)	苦的	kǔ de
bon (savoureux)	美味的	měi wèi de
cuire à l'eau	做饭	zuò fàn
préparer (le dîner)	做饭	zuò fàn
faire frire	油煎	yóu jiān
réchauffer (vt)	加热	jiā rè
saler (vt)	加盐	jiā yán
poivrer (vt)	加胡椒	jiā hú jiāo
râper (vt)	磨碎	mò suì
peau (f)	皮	pí
éplucher (vt)	剥皮	bāo pí

52. Les aliments

viande (f)	肉	ròu
poulet (m)	鸡肉	jī ròu
poulet (m) (poussin)	小鸡	xiǎo jī
canard (m)	鸭子	yā zi
oie (f)	鹅肉	é ròu
gibier (m)	猎物	liè wù
dinde (f)	火鸡	huǒ jī
du porc	猪肉	zhū ròu
du veau	小牛肉	xiǎo niú ròu
du mouton	羊肉	yáng ròu

du bœuf	牛肉	niú ròu
lapin (m)	兔肉	tù ròu
saucisson (m)	香肠	xiāng cháng
saucisse (f)	小灌肠	xiǎo guàn cháng
bacon (m)	腊肉	là ròu
jambon (m)	火腿	huǒ tuǐ
cuisse (f)	熏火腿	xūn huǒ tuǐ
pâté (m)	鹅肝酱	é gān jiàng
foie (m)	肝	gān
lard (m)	猪油	zhū yóu
farce (f)	碎牛肉	suì niú ròu
langue (f)	口条	kǒu tiáo
œuf (m)	鸡蛋	jī dàn
les œufs	鸡蛋	jī dàn
blanc (m) d'œuf	蛋白	dàn bái
jaune (m) d'œuf	蛋黄	dàn huáng
poisson (m)	鱼	yú
fruits (m pl) de mer	海鲜	hǎi xiān
caviar (m)	鱼子酱	yúzǐ jiàng
crabe (m)	螃蟹	páng xiè
crevette (f)	虾，小虾	xiā, xiǎo xiā
huître (f)	牡蛎	mǔ lì
langoustine (f)	龙虾	lóng xiā
poulpe (m)	章鱼	zhāng yú
calamar (m)	鱿鱼	yóu yú
esturgeon (m)	鲟鱼	xú nyú
saumon (m)	鲑鱼	guī yú
flétan (m)	比目鱼	bǐ mù yú
morue (f)	鳕鱼	xuě yú
maquereau (m)	鲭鱼	qīng yú
thon (m)	金枪鱼	jīn qiāng yú
anguille (f)	鳗鱼，鳝鱼	mán yú, shàn yú
truite (f)	鳟鱼	zūn yú
sardine (f)	沙丁鱼	shā dīng yú
brochet (m)	狗鱼	gǒu yú
hareng (m)	鲱鱼	fēi yú
pain (m)	面包	miàn bāo
fromage (m)	奶酪	nǎi lào
sucre (m)	糖	táng
sel (m)	盐，食盐	yán, shí yán
riz (m)	米	mǐ
pâtes (m pl)	通心粉	tōng xīn fěn

nouilles (f pl)	面条	miàn tiáo
beurre (m)	黄油	huáng yóu
huile (f) végétale	植物油	zhí wù yóu
huile (f) de tournesol	向日葵油	xiàng rì kuí yóu
margarine (f)	人造奶油	rénzào nǎi yóu
olives (f pl)	橄榄	gǎn lǎn
huile (f) d'olive	橄榄油	gǎn lǎn yóu
lait (m)	牛奶	niú nǎi
lait (m) condensé	炼乳	liàn rǔ
yogourt (m)	酸奶	suān nǎi
crème (f) aigre	酸奶油	suān nǎi yóu
crème (f) (de lait)	奶油	nǎi yóu
sauce (f) mayonnaise	蛋黄酱	dàn huáng jiàng
crème (f) au beurre	乳脂	rǔ zhī
gruau (m)	谷粒	gǔ lì
farine (f)	面粉	miàn fěn
conserves (f pl)	罐头食品	guàn tou shí pǐn
pétales (m pl) de maïs	玉米片	yù mǐ piàn
miel (m)	蜂蜜	fēng mì
confiture (f)	果冻	guǒ dòng
gomme (f) à mâcher	口香糖	kǒu xiāng táng

53. Les boissons

eau (f)	水	shuǐ
eau (f) potable	饮用水	yǐn yòng shuǐ
eau (f) minérale	矿泉水	kuàng quán shuǐ
plate (adj)	无气的	wú qì de
gazeuse (l'eau ~)	苏打 …	sū dá …
pétillante (adj)	汽水	qì shuǐ
glace (f)	冰	bīng
avec de la glace	加冰的	jiā bīng de
sans alcool	不含酒精的	bù hán jiǔ jīng de
boisson (f) non alcoolisée	软性饮料	ruǎn xìng yǐn liào
rafraîchissement (m)	清凉饮料	qīng liáng yǐn liào
limonade (f)	柠檬水	níng méng shuǐ
boissons (f pl) alcoolisées	烈酒	liè jiǔ
liqueur (f)	甜酒	tián jiǔ
champagne (m)	香槟	xiāng bīn
vermouth (m)	苦艾酒	kǔ ài jiǔ
whisky (m)	威士忌酒	wēi shì jì jiǔ
vodka (f)	伏特加	fú tè jiā

gin (m)	杜松子酒	dù sōng zǐ jiǔ
cognac (m)	法国白兰地	fǎguó báilándì
rhum (m)	朗姆酒	lǎng mǔ jiǔ
café (m)	咖啡	kāfēi
café (m) noir	黑咖啡	hēi kāfēi
café (m) au lait	加牛奶的咖啡	jiāniúnǎide kāfēi
cappuccino (m)	卡布奇诺	kǎ bù jī nuò
café (m) soluble	速溶咖啡	sùróng kāfēi
lait (m)	牛奶	niú nǎi
cocktail (m)	鸡尾酒	jī wěi jiǔ
cocktail (m) au lait	奶昔	nǎi xī
jus (m)	果汁	guǒzhī
jus (m) de tomate	番茄汁	fān qié zhī
jus (m) d'orange	橙子汁	chéng zi zhī
jus (m) pressé	新鲜果汁	xīnxiān guǒzhī
bière (f)	啤酒	píjiǔ
bière (f) blonde	淡啤酒	dàn píjiǔ
bière (f) brune	黑啤酒	hēi píjiǔ
thé (m)	茶	chá
thé (m) noir	红茶	hóng chá
thé (m) vert	绿茶	lǜ chá

54. Les légumes

légumes (m pl)	蔬菜	shū cài
verdure (f)	青菜	qīng cài
tomate (f)	西红柿	xī hóng shì
concombre (m)	黄瓜	huáng guā
carotte (f)	胡萝卜	hú luó bo
pomme (f) de terre	土豆	tǔ dòu
oignon (m)	洋葱	yáng cōng
ail (m)	大蒜	dà suàn
chou (m)	洋白菜	yáng bái cài
chou-fleur (m)	菜花	cài huā
chou (m) de Bruxelles	球芽甘蓝	qiú yá gān lán
brocoli (m)	西蓝花	xī lán huā
betterave (f)	甜菜	tiáncài
aubergine (f)	茄子	qié zi
courgette (f)	西葫芦	xī hú lu
potiron (m)	南瓜	nán guā
navet (m)	蔓菁	mán jing
persil (m)	欧芹	ōu qín

fenouil (m)	茴萝	shì luó
laitue (f) (salade)	生菜，莴苣	shēng cài, wō jù
céleri (m)	芹菜	qín cài
asperge (f)	芦笋	lú sǔn
épinard (m)	菠菜	bō cài
pois (m)	豌豆	wān dòu
fèves (f pl)	豆子	dòu zi
maïs (m)	玉米	yù mǐ
haricot (m)	四季豆	sì jì dòu
poivron (m)	胡椒，辣椒	hú jiāo, là jiāo
radis (m)	水萝卜	shuǐ luó bo
artichaut (m)	朝鲜蓟	cháo xiǎn jì

55. Les fruits. Les noix

fruit (m)	水果	shuǐ guǒ
pomme (f)	苹果	píng guǒ
poire (f)	梨	lí
citron (m)	柠檬	níng méng
orange (f)	橙子	chén zi
fraise (f)	草莓	cǎo méi
mandarine (f)	橘子	jú zi
prune (f)	李子	lǐ zi
pêche (f)	桃子	táo zi
abricot (m)	杏子	xìng zi
framboise (f)	覆盆子	fù pén zi
ananas (m)	菠萝	bō luó
banane (f)	香蕉	xiāng jiāo
pastèque (f)	西瓜	xī guā
raisin (m)	葡萄	pú tao
cerise (f)	樱桃	yīngtáo
merise (f)	欧洲甜樱桃	oūzhōu tián yīngtáo
melon (m)	瓜，甜瓜	guā, tián guā
pamplemousse (m)	葡萄柚	pú tao yòu
avocat (m)	鳄梨	è lí
papaye (f)	木瓜	mù guā
mangue (f)	芒果	máng guǒ
grenade (f)	石榴	shí liú
groseille (f) rouge	红醋栗	hóng cù lì
cassis (m)	黑醋栗	hēi cù lì
groseille (f) verte	醋栗	cù lì
myrtille (f)	越橘	yuè jú
mûre (f)	黑莓	hēi méi
raisin (m) sec	葡萄干	pútao gān

| figue (f) | 无花果 | wú huā guǒ |
| datte (f) | 海枣 | hǎi zǎo |

cacahuète (f)	花生	huā shēng
amande (f)	杏仁	xìng rén
noix (f)	核桃	hé tao
noisette (f)	榛子	zhēn zi
noix (f) de coco	椰子	yē zi
pistaches (f pl)	开心果	kāi xīn guǒ

56. Le pain. Les confiseries

confiserie (f)	油酥面饼	yóu sū miàn bǐng
pain (m)	面包	miàn bāo
biscuit (m)	饼干	bǐng gān

chocolat (m)	巧克力	qiǎo kè lì
en chocolat (adj)	巧克力的	qiǎo kè lì de
bonbon (m)	糖果	táng guǒ
gâteau (m), pâtisserie (f)	小蛋糕	xiǎo dàngāo
tarte (f)	蛋糕	dàngāo

| gâteau (m) | 大馅饼 | dà xiàn bǐng |
| garniture (f) | 馅 | xiàn |

confiture (f)	果酱	guǒ jiàng
marmelade (f)	酸果酱	suān guǒ jiàng
gaufre (f)	华夫饼干	huá fū bǐng gān
glace (f)	冰淇淋	bīng qí lín

57. Les épices

sel (m)	盐，食盐	yán, shí yán
salé (adj)	含盐的	hán yán de
saler (vt)	加盐	jiā yán

poivre (m) noir	黑胡椒	hēi hú jiāo
poivre (m) rouge	红辣椒粉	hóng là jiāo fěn
moutarde (f)	芥末	jiè mo
raifort (m)	辣根汁	là gēn zhī

condiment (m)	调味品	diào wèi pǐn
épice (f)	香料	xiāng liào
sauce (f)	调味汁	tiáo wèi zhī
vinaigre (m)	醋	cù

| anis (m) | 茴芹 | huí qín |
| basilic (m) | 罗勒 | luó lè |

clou (m) de girofle	丁香	dīng xiāng
gingembre (m)	姜	jiāng
coriandre (m)	芫荽	yuán suī
cannelle (f)	肉桂	ròu guì
sésame (m)	芝麻	zhī ma
feuille (f) de laurier	月桂叶	yuè guì yè
paprika (m)	红甜椒粉	hóng tián jiāo fěn
cumin (m)	葛缕子	gélǚ zi
safran (m)	番红花	fān hóng huā

LES DONNÉES PERSONNELLES. LA FAMILLE

T&P Books Publishing

58. Les données personnelles. Les formulaires

prénom (m)	名字	míng zi
nom (m) de famille	姓	xìng
date (f) de naissance	出生日期	chū shēng rì qī
lieu (m) de naissance	出生地	chū shēng dì
nationalité (f)	国籍	guó jí
domicile (m)	住所地	zhù suǒ dì
pays (m)	国家	guó jiā
profession (f)	职业	zhí yè
sexe (m)	性，性别	xìng, xìngbié
taille (f)	身高	shēn gāo
poids (m)	重量	zhòng liàng

59. La famille. Les liens de parenté

mère (f)	母亲	mǔ qīn
père (m)	父亲	fù qīn
fils (m)	儿子	ér zi
fille (f)	女儿	nǚ ér
fille (f) cadette	最小的女儿	zuìxiǎode nǚ ér
fils (m) cadet	最小的儿子	zuìxiǎode ér zi
fille (f) aînée	最大的女儿	zuìdàde nǚér
fils (m) aîné	最大的儿子	zuìdàde ér zi
frère (m) aîné	哥哥	gēge
frère (m) cadet	弟弟	dìdi
sœur (f) aînée	姐姐	jiějie
sœur (f) cadette	妹妹	mèi mei
cousin (m)	堂兄弟，表兄弟	tángxiōngdì, biǎoxiōngdì
cousine (f)	堂姊妹，表姊妹	tángzǐmèi, biǎozǐmèi
maman (f)	妈妈	mā ma
papa (m)	爸爸	bàba
parents (m pl)	父母	fù mǔ
enfant (m, f)	孩子	hái zi
enfants (pl)	孩子们	hái zi men
grand-mère (f)	姥姥	lǎo lao
grand-père (m)	爷爷	yé ye
petit-fils (m)	孙子	sūn zi

| petite-fille (f) | 孙女 | sūn nǚ |
| petits-enfants (pl) | 孙子们 | sūn zi men |

oncle (m)	姑爹	gū diē
tante (f)	姑妈	gū mā
neveu (m)	侄子	zhí zi
nièce (f)	侄女	zhí nǚ

belle-mère (f)	岳母	yuè mǔ
beau-père (m)	公公	gōng gong
gendre (m)	女婿	nǚ xu
belle-mère (f)	继母	jì mǔ
beau-père (m)	继父	jì fù

nourrisson (m)	婴儿	yīng ér
bébé (m)	婴儿	yīng ér
petit (m)	小孩	xiǎo hái

femme (f)	妻子	qī zi
mari (m)	老公	lǎo gōng
époux (m)	配偶	pèi ǒu
épouse (f)	配偶	pèi ǒu

marié (adj)	结婚的	jié hūn de
mariée (adj)	结婚的	jié hūn de
célibataire (adj)	独身的	dú shēn de
célibataire (m)	单身汉	dān shēn hàn
divorcé (adj)	离婚的	lí hūn de
veuve (f)	寡妇	guǎ fu
veuf (m)	鳏夫	guān fū

parent (m)	亲戚	qīn qi
parent (m) proche	近亲	jìn qīn
parent (m) éloigné	远亲	yuǎn qīn
parents (m pl)	亲属	qīn shǔ

orphelin (m), orpheline (f)	孤儿	gū ér
tuteur (m)	监护人	jiān hù rén
adopter (un garçon)	收养	shōu yǎng
adopter (une fille)	收养	shōu yǎng

60. Les amis. Les collègues

ami (m)	朋友	péngyou
amie (f)	女性朋友	nǚxìng péngyou
amitié (f)	友谊	yǒu yì
être ami	交朋友	jiāo péngyou

| copain (m) | 朋友 | péngyou |
| copine (f) | 朋友 | péngyou |

partenaire (m)	搭档	dā dàng
chef (m)	老板	lǎo bǎn
propriétaire (m)	物主	wù zhǔ
subordonné (m)	下属	xià shǔ
collègue (m, f)	同事	tóng shì

connaissance (f)	熟人	shú rén
compagnon (m) de route	旅伴	lǚ bàn
copain (m) de classe	同学	tóng xué

voisin (m)	邻居	lín jū
voisine (f)	邻居	lín jū
voisins (m pl)	邻居们	lín jū men

LE CORPS HUMAIN.
LES MÉDICAMENTS

T&P Books Publishing

61. La tête

tête (f)	头	tóu
visage (m)	脸，面孔	liǎn, miàn kǒng
nez (m)	鼻子	bí zi
bouche (f)	口，嘴	kǒu, zuǐ
œil (m)	眼	yǎn
les yeux	眼睛	yǎn jing
pupille (f)	瞳孔	tóng kǒng
sourcil (m)	眉毛	méi mao
cil (m)	睫毛	jié máo
paupière (f)	眼皮	yǎn pí
langue (f)	舌，舌头	shé, shé tou
dent (f)	牙，牙齿	yá, yá chǐ
lèvres (f pl)	唇	chún
pommettes (f pl)	颧骨	quán gǔ
gencive (f)	齿龈	chǐ yín
palais (m)	腭	è
narines (f pl)	鼻孔	bí kǒng
menton (m)	颏	kē
mâchoire (f)	下颌	xià hé
joue (f)	脸颊	liǎn jiá
front (m)	前额	qián é
tempe (f)	太阳穴	tài yáng xué
oreille (f)	耳朵	ěr duo
nuque (f)	后脑勺儿	hòu nǎo sháo r
cou (m)	颈	jǐng
gorge (f)	喉部	hóu bù
cheveux (m pl)	头发	tóu fa
coiffure (f)	发型	fà xíng
coupe (f)	发式	fà shì
perruque (f)	假发	jiǎ fà
moustache (f)	胡子	hú zi
barbe (f)	胡须	hú xū
porter (~ la barbe)	蓄着	xù zhuó
tresse (f)	辫子	biàn zi
favoris (m pl)	鬓角	bìn jiǎo
roux (adj)	红发的	hóng fà de
gris, grisonnant (adj)	灰白的	huī bái de

| chauve (adj) | 秃头的 | tū tóu de |
| calvitie (f) | 秃头 | tū tóu |

| queue (f) de cheval | 马尾辫 | mǎ wěi biàn |
| frange (f) | 刘海 | liú hǎi |

62. Le corps humain

| main (f) | 手 | shǒu |
| bras (m) | 胳膊 | gēbo |

doigt (m)	手指	shǒu zhǐ
pouce (m)	拇指	mǔ zhǐ
petit doigt (m)	小指	xiǎo zhǐ
ongle (m)	指甲	zhǐ jia

poing (m)	拳	quán
paume (f)	手掌	shǒu zhǎng
poignet (m)	腕	wàn
avant-bras (m)	前臂	qián bì

| coude (m) | 肘 | zhǒu |
| épaule (f) | 肩膀 | jiān bǎng |

jambe (f)	腿	tuǐ
pied (m)	脚，足	jiǎo, zú
genou (m)	膝，膝盖	xī, xī gài
mollet (m)	小腿肚	xiǎo tuǐ dù

| hanche (f) | 臀部 | tún bù |
| talon (m) | 后跟 | hòu gēn |

corps (m)	身体	shēntǐ
ventre (m)	腹，腹部	fù, fù bù
poitrine (f)	胸	xiōng
sein (m)	乳房	rǔ fáng
côté (m)	体侧	tǐ cè
dos (m)	背	bèi

| reins (région lombaire) | 下背 | xià bèi |
| taille (f) (~ de guêpe) | 腰 | yāo |

nombril (m)	肚脐	dù qí
fesses (f pl)	臀部，屁股	tún bù, pì gu
derrière (m)	屁股	pì gu

grain (m) de beauté	痣	zhì
tache (f) de vin	胎痣	tāi zhì
tatouage (m)	文身	wén shēn
cicatrice (f)	疤	bā

63. Les maladies

maladie (f)	病	bìng
être malade	生病	shēng bìng
santé (f)	健康	jiàn kāng
rhume (m) (coryza)	流鼻涕	liú bí tì
angine (f)	扁桃体炎	biǎn táo tǐ yán
refroidissement (m)	感冒	gǎn mào
prendre froid	感冒	gǎn mào
bronchite (f)	支气管炎	zhī qì guǎn yán
pneumonie (f)	肺炎	fèi yán
grippe (f)	流感	liú gǎn
myope (adj)	近视的	jìn shì de
presbyte (adj)	远视的	yuǎn shì de
strabisme (m)	斜眼	xié yǎn
strabique (adj)	对眼的	duì yǎn de
cataracte (f)	白内障	bái nèi zhàng
glaucome (m)	青光眼	qīng guāng yǎn
insulte (f)	中风	zhòng fēng
crise (f) cardiaque	梗塞	gěng sè
infarctus (m) de myocarde	心肌梗塞	xīn jī gěng sè
paralysie (f)	麻痹	má bì
paralyser (vt)	使 … 麻痹	shǐ … má bì
allergie (f)	过敏	guò mǐn
asthme (m)	哮喘	xiāo chuǎn
diabète (m)	糖尿病	táng niào bìng
mal (m) de dents	牙痛	yá tòng
carie (f)	龋齿	qǔ chǐ
diarrhée (f)	腹泻	fù xiè
constipation (f)	便秘	biàn bì
estomac (m) barbouillé	饮食失调	yǐn shí shī tiáo
intoxication (f) alimentaire	食物中毒	shí wù zhòng dú
être intoxiqué	中毒	zhòng dú
arthrite (f)	关节炎	guān jié yán
rachitisme (m)	佝偻病	kòu lóu bìng
rhumatisme (m)	风湿	fēng shī
athérosclérose (f)	动脉粥样硬化	dòng mài zhōu yàng yìng huà
gastrite (f)	胃炎	wèi yán
appendicite (f)	阑尾炎	lán wěi yán
cholécystite (f)	胆囊炎	dǎn nán gyán
ulcère (m)	溃疡	kuì yáng

rougeole (f)	麻疹	má zhěn
rubéole (f)	风疹	fēng zhěn
jaunisse (f)	黄疸	huáng dǎn
hépatite (f)	肝炎	gān yán
schizophrénie (f)	精神分裂 症	jīngshen fēnliè zhèng
rage (f) (hydrophobie)	狂犬病	kuáng quǎn bìng
névrose (f)	神经症	shén jīng zhèng
commotion (f) cérébrale	脑震荡	nǎo zhèn dàng
cancer (m)	癌症	ái zhèng
sclérose (f)	硬化	yìng huà
sclérose (f) en plaques	多发性硬化症	duō fā xìng yìng huà zhèng
alcoolisme (m)	酗酒	xù jiǔ
alcoolique (m)	酗酒者	xù jiǔ zhě
syphilis (f)	梅毒	méi dú
SIDA (m)	艾滋病	ài zī bìng
tumeur (f)	肿瘤	zhǒng liú
fièvre (f)	发烧	fā shāo
malaria (f)	疟疾	nuè ji
gangrène (f)	坏疽	huài jū
mal (m) de mer	晕船	yùn chuán
épilepsie (f)	癫痫	diān xián
épidémie (f)	流行病	liú xíng bìng
typhus (m)	斑疹伤寒	bān zhěn shāng hán
tuberculose (f)	结核病	jié hé bìng
choléra (m)	霍乱	huò luàn
peste (f)	瘟疫	wēn yì

64. Les symptômes. Le traitement. Partie 1

symptôme (m)	症状	zhèng zhuàng
température (f)	体温	tǐ wēn
fièvre (f)	发热	fā rè
pouls (m)	脉搏	mài bó
vertige (m)	眩晕	xuàn yùn
chaud (adj)	热	rè
frisson (m)	颤抖	chàn dǒu
pâle (adj)	苍白的	cāng bái de
toux (f)	咳嗽	ké sou
tousser (vi)	咳，咳嗽	ké, ké sou
éternuer (vi)	打喷嚏	dǎ pēn tì
évanouissement (m)	晕倒	yūn dǎo
s'évanouir (vp)	晕倒	yūn dǎo

bleu (m)	青伤痕	qīng shāng hén
bosse (f)	包	bāo
se heurter (vp)	擦伤	cā shāng
meurtrissure (f)	擦伤	cā shāng
se faire mal	瘀伤	yū shāng
boiter (vi)	跛行	bǒ xíng
foulure (f)	脱位	tuō wèi
se démettre (l'épaule, etc.)	使 ⋯ 脱位	shǐ ... tuō wèi
fracture (f)	骨折	gǔ zhé
avoir une fracture	弄骨折	nòng gǔzhé
coupure (f)	伤口	shāng kǒu
se couper (~ le doigt)	割破	gē pò
hémorragie (f)	流血	liú xuè
brûlure (f)	烧伤	shāo shāng
se brûler (vp)	烧伤	shāo shāng
se piquer (le doigt)	扎破	zhā pò
se piquer (vp)	扎伤	zhā shāng
blesser (vt)	损伤	sǔn shāng
blessure (f)	损伤	sǔn shāng
plaie (f) (blessure)	伤口	shāng kǒu
trauma (m)	外伤	wài shāng
délirer (vi)	说胡话	shuō hú huà
bégayer (vi)	口吃	kǒu chī
insolation (f)	中暑	zhòng shǔ

65. Les symptômes. Le traitement. Partie 2

douleur (f)	痛	tòng
écharde (f)	木刺	mù cì
sueur (f)	汗	hàn
suer (vi)	出汗	chū hàn
vomissement (m)	呕吐	ǒu tù
spasmes (m pl)	抽搐	chōu chù
enceinte (adj)	怀孕的	huái yùn de
naître (vi)	出生	chū shēng
accouchement (m)	生产，分娩	shēngchǎn, fēnmiǎn
accoucher (vi)	生，分娩	shēng, fēnmiǎn
avortement (m)	人工流产	rén gōng liú chǎn
respiration (f)	呼吸	hū xī
inhalation (f)	吸	xī
expiration (f)	呼气	hū qì
expirer (vi)	呼出	hū chū

inspirer (vi)	吸入	xī rù
invalide (m)	残疾人	cán jí rén
handicapé (m)	残疾人	cán jí rén
drogué (m)	吸毒者	xī dú zhě
sourd (adj)	聋的	lóng de
muet (adj)	哑的	yǎ de
sourd-muet (adj)	聋哑的	lóng yǎ de
fou (adj)	精神失常的	jīngshen shī cháng de
fou (m)	疯子	fēng zi
folle (f)	疯子	fēng zi
devenir fou	发疯	fā fēng
gène (m)	基因	jī yīn
immunité (f)	免疫力	miǎn yì lì
héréditaire (adj)	遗传的	yí chuán de
congénital (adj)	天生的	tiān shēng de
virus (m)	病毒	bìng dú
microbe (m)	微生物	wēi shēng wù
bactérie (f)	细菌	xì jūn
infection (f)	传染	chuán rǎn

66. Les symptômes. Le traitement. Partie 3

hôpital (m)	医院	yī yuàn
patient (m)	病人	bìng rén
diagnostic (m)	诊断	zhěn duàn
cure (f) (faire une ~)	治疗	zhì liáo
traitement (m)	治疗	zhì liáo
se faire soigner	治病	zhì bìng
traiter (un patient)	治疗	zhì liáo
soigner (un malade)	看护	kān hù
soins (m pl)	护理	hùlǐ
opération (f)	手术	shǒu shù
panser (vt)	用绷带包扎	yòng bēngdài bāozā
pansement (m)	绷带法	bēngdài fǎ
vaccination (f)	疫苗	yìmiáo
vacciner (vt)	给 ⋯ 接种疫苗	gěi … jiē zhòng yì miáo
piqûre (f)	注射	zhù shè
faire une piqûre	打针	dǎ zhēn
crise, attaque (f)	发作	fāzuò
amputation (f)	截肢	jié zhī
amputer (vt)	截肢	jié zhī
coma (m)	昏迷	hūn mí

être dans le coma	昏迷	hūn mí
réanimation (f)	重症监护室	zhòng zhēng jiàn hù shì
se rétablir (vp)	复原	fù yuán
état (m) (de santé)	状态	zhuàng tài
conscience (f)	知觉	zhī jué
mémoire (f)	记忆力	jì yì lì
arracher (une dent)	拔牙	bá yá
plombage (m)	补牙	bǔ yá
plomber (vt)	补牙	bǔ yá
hypnose (f)	催眠	cuī mián
hypnotiser (vt)	催眠	cuī mián

67. Les médicaments. Les accessoires

médicament (m)	药	yào
remède (m)	药剂	yào jì
prescrire (vt)	开药方	kāi yào fāng
ordonnance (f)	药方	yào fāng
comprimé (m)	药片	yào piàn
onguent (m)	药膏	yào gāo
ampoule (f)	安瓿	ān bù
mixture (f)	药水	yào shuǐ
sirop (m)	糖浆	táng jiāng
pilule (f)	药丸	yào wán
poudre (f)	药粉	yào fěn
bande (f)	绷带	bēngdài
coton (m) (ouate)	药棉	yào mián
iode (m)	碘酒	diǎn jiǔ
sparadrap (m)	橡皮膏	xiàng pí gāo
compte-gouttes (m)	滴管	dī guǎn
thermomètre (m)	体温表	tǐ wēn biǎo
seringue (f)	注射器	zhù shè qì
fauteuil (m) roulant	轮椅	lú nyǐ
béquilles (f pl)	拐杖	guǎi zhàng
anesthésique (m)	止痛药	zhǐ tòng yào
purgatif (m)	泻药	xiè yào
alcool (m)	酒精	jiǔ jīng
herbe (f) médicinale	药草	yào cǎo
d'herbes (adj)	草药的	cǎo yào de

L'APPARTEMENT

T&P Books Publishing

68. L'appartement

appartement (m)	公寓	gōng yù
chambre (f)	房间	fáng jiān
chambre (f) à coucher	卧室	wòshì
salle (f) à manger	餐厅	cān tīng
salon (m)	客厅	kè tīng
bureau (m)	书房	shū fáng
antichambre (f)	入口空间	rù kǒu kōng jiān
salle (f) de bains	浴室	yù shì
toilettes (f pl)	卫生间	wèi shēng jiān
plafond (m)	天花板	tiān huā bǎn
plancher (m)	地板	dì bǎn
coin (m)	墙角	qiáng jiǎo

69. Les meubles. L'intérieur

meubles (m pl)	家具	jiā jù
table (f)	桌子	zhuō zi
chaise (f)	椅子	yǐ zi
lit (m)	床	chuáng
canapé (m)	沙发	shā fā
fauteuil (m)	扶手椅	fú shǒu yǐ
bibliothèque (f) (meuble)	书橱	shū chú
rayon (m)	书架	shū jià
étagère (f)	橱架	chú jià
armoire (f)	衣柜	yī guì
patère (f)	墙衣帽架	qiáng yī mào jià
portemanteau (m)	衣帽架	yī mào jià
commode (f)	五斗柜	wǔ dǒu guì
table (f) basse	茶几	chá jī
miroir (m)	镜子	jìng zi
tapis (m)	地毯	dìtǎn
petit tapis (m)	小地毯	xiǎo dìtǎn
cheminée (f)	壁炉	bì lú
bougie (f)	蜡烛	là zhú
chandelier (m)	烛台	zhútái

rideaux (m pl)	窗帘	chuāng lián
papier (m) peint	墙纸	qiáng zhǐ
jalousie (f)	百叶窗	bǎi yè chuāng
lampe (f) de table	台灯	tái dēng
applique (f)	灯	dēng
lampadaire (m)	落地灯	luò dì dēng
lustre (m)	枝形吊灯	zhī xíng diào dēng
pied (m) (~ de la table)	腿	tuǐ
accoudoir (m)	扶手	fú shou
dossier (m)	靠背	kào bèi
tiroir (m)	抽屉	chōu tì

70. La literie

linge (m) de lit	铺盖	pū gài
oreiller (m)	枕头	zhěn tou
taie (f) d'oreiller	枕套	zhěn tào
couverture (f)	羽绒被	yǔ róng bèi
drap (m)	床单	chuáng dān
couvre-lit (m)	床罩	chuáng zhào

71. La cuisine

cuisine (f)	厨房	chú fáng
gaz (m)	煤气	méi qì
cuisinière (f) à gaz	煤气炉	méi qì lú
cuisinière (f) électrique	电炉	diàn lú
four (m)	烤箱	kǎo xiāng
four (m) micro-ondes	微波炉	wēi bō lú
réfrigérateur (m)	冰箱	bīng xiāng
congélateur (m)	冷冻室	lěng dòng shì
lave-vaisselle (m)	洗碗机	xǐ wǎn jī
hachoir (m) à viande	绞肉机	jiǎo ròu jī
centrifugeuse (f)	榨汁机	zhà zhī jī
grille-pain (m)	烤面包机	kǎo miàn bāo jī
batteur (m)	搅拌机	jiǎo bàn jī
machine (f) à café	咖啡机	kāfēi jī
cafetière (f)	咖啡壶	kāfēi hú
moulin (m) à café	咖啡研磨器	kāfēi yánmóqì
bouilloire (f)	开水壶	kāi shuǐ hú
théière (f)	茶壶	chá hú
couvercle (m)	盖子	gài zi

passoire (f) à thé	滤茶器	lǜ chá qì
cuillère (f)	匙子	chá zi
petite cuillère (f)	茶匙	chá chí
cuillère (f) à soupe	汤匙	tāng chí
fourchette (f)	叉，餐叉	chā, cān chā
couteau (m)	刀，刀子	dāo, dāo zi

vaisselle (f)	餐具	cān jù
assiette (f)	盘子	pán zi
soucoupe (f)	碟子	dié zi

verre (m) à shot	小酒杯	xiǎo jiǔ bēi
verre (m) (~ d'eau)	杯子	bēi zi
tasse (f)	杯子	bēi zi

sucrier (m)	糖碗	táng wǎn
salière (f)	盐瓶	yán píng
poivrière (f)	胡椒瓶	hú jiāo píng
beurrier (m)	黄油碟	huáng yóu dié

casserole (f)	炖锅	dùn guō
poêle (f)	煎锅	jiān guō
louche (f)	长柄勺	cháng bǐng sháo
passoire (f)	漏勺	lòu sháo
plateau (m)	托盘	tuō pán

bouteille (f)	瓶子	píng zi
bocal (m) (à conserves)	玻璃罐	bōli guàn
boîte (f) en fer-blanc	罐头	guàn tou

ouvre-bouteille (m)	瓶起子	píng qǐ zi
ouvre-boîte (m)	开罐器	kāi guàn qì
tire-bouchon (m)	螺旋 拔塞器	luóxuán básāiqì
filtre (m)	滤器	lǜ qì
filtrer (vt)	过滤	guò lǜ

| ordures (f pl) | 垃圾 | lā jī |
| poubelle (f) | 垃圾桶 | lā jī tǒng |

72. La salle de bains

salle (f) de bains	浴室	yù shì
eau (f)	水	shuǐ
robinet (m)	水龙头	shuǐ lóng tóu
eau (f) chaude	热水	rè shuǐ
eau (f) froide	冷水	lěng shuǐ

dentifrice (m)	牙膏	yá gāo
se brosser les dents	刷牙	shuā yá
se raser (vp)	剃须	tì xū

mousse (f) à raser	剃须泡沫	tì xū pào mò
rasoir (m)	剃须刀	tì xū dāo
laver (vt)	洗	xǐ
se laver (vp)	洗澡	xǐ zǎo
douche (f)	淋浴	lín yù
prendre une douche	洗淋浴	xǐ lín yù
baignoire (f)	浴缸	yù gāng
cuvette (f)	抽水马桶	chōu shuǐ mǎ tǒng
lavabo (m)	水槽	shuǐ cáo
savon (m)	肥皂	féi zào
porte-savon (m)	肥皂盒	féi zào hé
éponge (f)	清洁绵	qīng jié mián
shampooing (m)	洗发液	xǐ fā yè
serviette (f)	毛巾，浴巾	máo jīn, yù jīn
peignoir (m) de bain	浴衣	yù yī
lessive (f) (faire la ~)	洗衣	xǐ yī
machine (f) à laver	洗衣机	xǐ yī jī
faire la lessive	洗衣服	xǐ yī fu
lessive (f) (poudre)	洗衣粉	xǐ yī fěn

73. Les appareils électroménagers

téléviseur (m)	电视机	diàn shì jī
magnétophone (m)	录音机	lù yīn jī
magnétoscope (m)	录像机	lù xiàng jī
radio (f)	收音机	shōu yīn jī
lecteur (m)	播放器	bō fàng qì
vidéoprojecteur (m)	投影器	tóu yǐng qì
home cinéma (m)	家庭影院系统	jiā tíng yǐng yuàn xì tǒng
lecteur DVD (m)	DVD 播放机	diwidi bōfàngjī
amplificateur (m)	放大器	fàng dà qì
console (f) de jeux	电子游戏机	diànzǐ yóuxìjī
caméscope (m)	摄像机	shè xiàng jī
appareil (m) photo	照相机	zhào xiàng jī
appareil (m) photo numérique	数码相机	shù mǎ xiàng jī
aspirateur (m)	吸尘器	xī chén qì
fer (m) à repasser	熨斗	yùn dǒu
planche (f) à repasser	熨衣板	yùn yī bǎn
téléphone (m)	电话	diàn huà
portable (m)	手机	shǒu jī

machine (f) à écrire	打字机	dǎ zì jī
machine (f) à coudre	缝纫机	féng rèn jī
micro (m)	话筒	huà tǒng
écouteurs (m pl)	耳机	ěr jī
télécommande (f)	遥控器	yáo kòng qì
CD (m)	光盘	guāng pán
cassette (f)	磁带	cí dài
disque (m) (vinyle)	唱片	chàng piàn

LA TERRE. LE TEMPS

T&P Books Publishing

cosmos (m)	宇宙	yǔ zhòu
cosmique (adj)	宇宙的，太空	yǔ zhòu de, tài kōng
espace (m) cosmique	外层空间	wài céng kōng jiān
univers (m)	宇宙	yǔ zhòu
galaxie (f)	银河系	yín hé xì
étoile (f)	星，恒星	xīng, héng xīng
constellation (f)	星座	xīng zuò
planète (f)	行星	xíng xīng
satellite (m)	卫星	wèi xīng
météorite (m)	陨石	yǔn shí
comète (f)	彗星	huì xīng
astéroïde (m)	小行星	xiǎo xíng xīng
orbite (f)	轨道	guǐ dào
tourner (vi)	公转	gōng zhuàn
atmosphère (f)	大气层	dà qì céng
Soleil (m)	太阳	tài yáng
système (m) solaire	太阳系	tài yáng xì
éclipse (f) de soleil	日食	rì shí
Terre (f)	地球	dì qiú
Lune (f)	月球	yuè qiú
Mars (m)	火星	huǒ xīng
Vénus (f)	金星	jīn xīng
Jupiter (m)	木星	mù xīng
Saturne (m)	土星	tǔ xīng
Mercure (m)	水星	shuǐ xīng
Uranus (m)	天王星	tiān wáng xīng
Neptune	海王星	hǎi wáng xīng
Pluton (m)	冥王星	míng wáng xīng
la Voie Lactée	银河	yín hé
la Grande Ours	大熊座	dà xióng zuò
la Polaire	北极星	běi jí xīng
martien (m)	火星人	huǒ xīng rén
extraterrestre (m)	外星人	wài xīng rén
alien (m)	外星人	wài xīng rén
soucoupe (f) volante	飞碟	fēi dié

vaisseau (m) spatial	宇宙飞船	yǔ zhòu fēi chuán
station (f) orbitale	宇宙空间站	yǔ zhòu kōng jiān zhàn
lancement (m)	发射	fā shè
moteur (m)	发动机	fā dòng jī
tuyère (f)	喷嘴	pēn zuǐ
carburant (m)	燃料	rán liào
cabine (f)	座舱	zuò cāng
antenne (f)	天线	tiān xiàn
hublot (m)	舷窗	xián chuāng
batterie (f) solaire	太阳能电池	tàiyáng néng diànchí
scaphandre (m)	太空服	tài kōng fú
apesanteur (f)	失重	shī zhòng
oxygène (m)	氧气	yǎng qì
arrimage (m)	对接	duì jiē
s'arrimer à ...	对接	duì jiē
observatoire (m)	天文台	tiānwén tái
télescope (m)	天文望远镜	tiānwén wàngyuǎnjìng
observer (vt)	观察到	guān chá dào
explorer (un cosmos)	探索	tàn suǒ

75. La Terre

Terre (f)	地球	dì qiú
globe (m) terrestre	地球	dì qiú
planète (f)	行星	xíng xīng
atmosphère (f)	大气层	dà qì céng
géographie (f)	地理学	dì lǐ xué
nature (f)	自然界	zì rán jiè
globe (m) de table	地球仪	dì qiú yí
carte (f)	地图	dì tú
atlas (m)	地图册	dì tú cè
Europe (f)	欧洲	oūzhōu
Asie (f)	亚洲	yàzhōu
Afrique (f)	非洲	fēizhōu
Australie (f)	澳洲	àozhōu
Amérique (f)	美洲	měizhōu
Amérique (f) du Nord	北美洲	běiměizhōu
Amérique (f) du Sud	南美洲	nánměizhōu
l'Antarctique (m)	南极洲	nánjízhōu
l'Arctique (m)	北极地区	běijídìqū

76. Les quatre parties du monde

nord (m)	北方	běi fāng
vers le nord	朝北	cháo běi
au nord	在北方	zài běi fāng
du nord (adj)	北方的	běi fāng de
sud (m)	南方	nán fāng
vers le sud	朝南	cháo nán
au sud	在南方	zài nán fāng
du sud (adj)	南方的	nán fāng de
ouest (m)	西方	xī fāng
vers l'occident	朝西	cháo xī
à l'occident	在西方	zài xī fāng
occidental (adj)	西方的	xī fāng de
est (m)	东方	dōng fāng
vers l'orient	朝东	cháo dōng
à l'orient	在东方	zài dōng fāng
oriental (adj)	东方的	dōng fāng de

77. Les océans et les mers

mer (f)	海，大海	hǎi, dà hǎi
océan (m)	海洋，大海	hǎi yáng, dà hǎi
golfe (m)	海湾	hǎi wān
détroit (m)	海峡	hǎi xiá
terre (f) ferme	陆地	lù dì
continent (m)	大陆，洲	dà lù, zhōu
île (f)	岛，海岛	dǎo, hǎi dǎo
presqu'île (f)	半岛	bàn dǎo
archipel (m)	群岛	qún dǎo
baie (f)	海湾	hǎi wān
port (m)	港口	gǎng kǒu
lagune (f)	泻湖	xiè hú
cap (m)	海角	hǎi jiǎo
atoll (m)	环状珊瑚岛	huánzhuàng shānhúdǎo
récif (m)	礁	jiāo
corail (m)	珊瑚	shān hú
récif (m) de corail	珊瑚礁	shān hú jiāo
profond (adj)	深的	shēn de
profondeur (f)	深度	shēn dù
abîme (m)	深渊	shēn yuān
fosse (f) océanique	海沟	hǎi gōu

| courant (m) | 水流 | shuǐ liú |
| baigner (vt) (mer) | 环绕 | huán rào |

| littoral (m) | 岸 | àn |
| côte (f) | 海岸，海滨 | hǎi àn, hǎi bīn |

marée (f) haute	高潮	gāo cháo
marée (f) basse	落潮	luò cháo
banc (m) de sable	沙洲	shā zhōu
fond (m)	海底	hǎi dǐ

vague (f)	波浪	bō làng
crête (f) de la vague	浪峰	làng fēng
mousse (f)	泡沫	pào mò

tempête (f) en mer	风暴	fēng bào
ouragan (m)	飓风	jù fēng
tsunami (m)	海啸	hǎi xiào
calme (m)	风平浪静	fēng píng làng jìng
calme (tranquille)	平静的	píng jìng de

| pôle (m) | 北极 | běi jí |
| polaire (adj) | 北极的 | běi jí de |

latitude (f)	纬度	wěi dù
longitude (f)	经度	jīng dù
parallèle (f)	纬线	wěi xiàn
équateur (m)	赤道	chì dào

ciel (m)	天	tiān
horizon (m)	地平线	dì píng xiàn
air (m)	空气	kōng qì

phare (m)	灯塔	dēng tǎ
plonger (vi)	跳水	tiào shuǐ
sombrer (vi)	沉没	chén mò
trésor (m)	宝物	bǎo wù

78. Les noms des mers et des océans

océan (m) Atlantique	大西洋	dà xī yáng
océan (m) Indien	印度洋	yìn dù yáng
océan (m) Pacifique	太平洋	tài píng yáng
océan (m) Glacial	北冰洋	běi bīng yáng

mer (f) Noire	黑海	hēi hǎi
mer (f) Rouge	红海	hóng hǎi
mer (f) Jaune	黄海	huáng hǎi
mer (f) Blanche	白海	bái hǎi
mer (f) Caspienne	里海	lǐ hǎi

mer (f) Morte	死海	sǐ hǎi
mer (f) Méditerranée	地中海	dìzhōng hǎi
mer (f) Égée	爱琴海	àiqín hǎi
mer (f) Adriatique	亚得里亚海	yàdélǐyà hǎi
mer (f) Arabique	阿拉伯海	ālābó hǎi
mer (f) du Japon	日本海	rìběn hǎi
mer (f) de Béring	白令海	báilìng hǎi
mer (f) de Chine Méridionale	南海	nán hǎi
mer (f) de Corail	珊瑚海	shānhú hǎi
mer (f) de Tasman	塔斯曼海	tǎsīmàn hǎi
mer (f) Caraïbe	加勒比海	jiālèbǐ hǎi
mer (f) de Barents	巴伦支海	bālúnzhī hǎi
mer (f) de Kara	喀拉海	kālā hǎi
mer (f) du Nord	北海	běi hǎi
mer (f) Baltique	波罗的海	bōluódì hǎi
mer (f) de Norvège	挪威海	nuówēi hǎi

79. Les montagnes

montagne (f)	山	shān
chaîne (f) de montagnes	山脉	shān mài
crête (f)	山脊	shān jǐ
sommet (m)	山顶	shān dǐng
pic (m)	山峰	shān fēng
pied (m)	山脚	shān jiǎo
pente (f)	山坡	shān pō
volcan (m)	火山	huǒ shān
volcan (m) actif	活火山	huó huǒ shān
volcan (m) éteint	死火山	sǐ huǒ shān
éruption (f)	喷发	pèn fā
cratère (m)	火山口	huǒ shān kǒu
magma (m)	岩浆	yán jiāng
lave (f)	熔岩	róng yán
en fusion (lave ~)	炽热的	chì rè de
canyon (m)	峡谷	xiá gǔ
défilé (m) (gorge)	峡谷	xiá gǔ
crevasse (f)	裂罅	liè xià
col (m) de montagne	山口	shān kǒu
plateau (m)	高原	gāo yuán

| rocher (m) | 悬崖 | xuán yá |
| colline (f) | 小山 | xiǎo shān |

glacier (m)	冰川，冰河	bīng chuān, bīng hé
chute (f) d'eau	瀑布	pù bù
geyser (m)	间歇泉	jiàn xiē quán
lac (m)	湖	hú

plaine (f)	平原	píng yuán
paysage (m)	风景	fēng jǐng
écho (m)	回声	huí shēng

alpiniste (m)	登山家	dēng shān jiā
varappeur (m)	攀岩者	pān yán zhě
conquérir (vt)	征服	zhēng fú
ascension (f)	登山	dēng shān

80. Les noms des chaînes de montagne

Alpes (f pl)	阿尔卑斯	āěrbēisī
Mont Blanc (m)	勃朗峰	bólǎngfēng
Pyrénées (f pl)	比利牛斯	bǐlìniúsī

Carpates (f pl)	喀尔巴阡	kāerbāqiān
Monts Oural (m pl)	乌拉尔山脉	wūlāěr shānmài
Caucase (m)	高加索	gāojiāsuǒ
Elbrous (m)	厄尔布鲁士山	èěrbùlǔshìshān

Altaï (m)	阿尔泰	āěrtài
Tian Chan (m)	天山	tiānshān
Pamir (m)	帕米尔高原	pàmǐěr gāoyuán
Himalaya (m)	喜马拉雅山	xǐmǎlāyǎ shān
Everest (m)	珠穆朗玛峰	zhūmùlǎngmǎfēng

| Andes (f pl) | 安第斯 | āndìsī |
| Kilimandjaro (m) | 乞力马扎罗 | qǐlìmǎzháluó |

81. Les fleuves

rivière (f), fleuve (m)	河，江	hé, jiāng
source (f)	泉，泉水	quán, quán shuǐ
lit (m) (d'une rivière)	河床	hé chuáng
bassin (m)	流域	liú yù
se jeter dans …	流入	liú rù

affluent (m)	支流	zhī liú
rive (f)	岸	àn
courant (m)	水流	shuǐ liú

en aval	顺流而下	shùn liú ér xià
en amont	溯流而上	sù liú ér shàng
inondation (f)	洪水	hóng shuǐ
les grandes crues	水灾	shuǐ zāi
déborder (vt)	溢出	yì chū
inonder (vt)	淹没	yān mò
bas-fond (m)	浅水	qiǎn shuǐ
rapide (m)	急流	jí liú
barrage (m)	坝，堤坝	bà, dī bà
canal (m)	运河	yùn hé
lac (m) de barrage	水库	shuǐ kù
écluse (f)	水闸	shuǐ zhá
plan (m) d'eau	水体	shuǐ tǐ
marais (m)	沼泽	zhǎo zé
fondrière (f)	烂泥塘	làn ní táng
tourbillon (m)	漩涡	xuàn wō
ruisseau (m)	小溪	xiǎo xī
potable (adj)	饮用的	yǐn yòng de
douce (l'eau ~)	淡水的	dàn shuǐ de
glace (f)	冰	bīng
être gelé	封冻	fēng dòng

82. Les noms des fleuves

Seine (f)	塞纳河	sènà hé
Loire (f)	卢瓦尔河	lúwǎěr hé
Tamise (f)	泰晤士河	tàiwùshì hé
Rhin (m)	莱茵河	láiyīn hé
Danube (m)	多瑙河	duōnǎo hé
Volga (f)	伏尔加河	fúěrjiā hé
Don (m)	顿河	dùn hé
Lena (f)	勒拿河	lèná hé
Huang He (m)	黄河	huáng hé
Yangzi Jiang (m)	长江	chángjiāng
Mékong (m)	湄公河	méigōng hé
Gange (m)	恒河	héng hé
Nil (m)	尼罗河	níluó hé
Congo (m)	刚果河	gāngguǒ hé
Okavango (m)	奥卡万戈河	àokǎwàngē hé
Zambèze (m)	赞比亚河	zànbǐyà hé

| Limpopo (m) | 林波波河 | línbōbō hé |
| Mississippi (m) | 密西西比河 | mìxīxībǐ hé |

83. La forêt

| forêt (f) | 森林，树林 | sēn lín, shù lín |
| forestier (adj) | 树林的 | shù lín de |

fourré (m)	密林	mì lín
bosquet (m)	小树林	xiǎo shù lín
clairière (f)	林中草地	lín zhōng cǎo dì

| broussailles (f pl) | 灌木丛 | guàn mù cóng |
| taillis (m) | 灌木林 | guàn mù lín |

| sentier (m) | 小道 | xiǎo dào |
| ravin (m) | 冲沟 | chōng gōu |

arbre (m)	树，乔木	shù, qiáo mù
feuille (f)	叶子	yè zi
feuillage (m)	树叶	shù yè

chute (f) de feuilles	落叶	luò yè
tomber (feuilles)	凋落	diāo luò
sommet (m)	树梢	shù shāo

rameau (m)	树枝	shù zhī
branche (f)	粗树枝	cū shù zhī
bourgeon (m)	芽	yá
aiguille (f)	针叶	zhēn yè
pomme (f) de pin	球果	qiú guǒ

creux (m)	树洞	shù dòng
nid (m)	鸟窝	niǎo wō
terrier (m) (~ d'un renard)	洞穴，兽穴	dòng xué, shòu xué

tronc (m)	树干	shù gàn
racine (f)	树根	shù gēn
écorce (f)	树皮	shùpí
mousse (f)	苔藓	tái xiǎn

déraciner (vt)	根除	gēn chú
abattre (un arbre)	砍倒	kǎn dǎo
déboiser (vt)	砍伐森林	kǎn fá sēn lín
souche (f)	树桩	shù zhuāng

feu (m) de bois	篝火	gōu huǒ
incendie (m)	森林火灾	sēn lín huǒ zāi
éteindre (feu)	扑灭	pū miè
garde (m) forestier	护林员	hù lín yuán

protection (f)	保护	bǎo hù
protéger (vt)	保护	bǎo hù
braconnier (m)	偷猎者	tōu liè zhě
piège (m) à mâchoires	陷阱	xiàn jǐng
cueillir (vt)	采集	cǎi jí
s'égarer (vp)	迷路	mí lù

84. Les ressources naturelles

ressources (f pl) naturelles	自然资源	zìrán zī yuán
minéraux (m pl)	矿物	kuàng wù
gisement (m)	矿层	kuàng céng
champ (m) (~ pétrolifère)	矿田	kuàng tián
extraire (vt)	开采	kāi cǎi
extraction (f)	采矿业	cǎi kuàng yè
minerai (m)	矿石	kuàng shí
mine (f) (site)	矿，矿山	kuàng, kuàng shān
puits (m) de mine	矿井	kuàng jǐng
mineur (m)	矿工	kuàng gōng
gaz (m)	煤气	méi qì
gazoduc (m)	煤气管道	méi qì guǎn dào
pétrole (m)	石油	shí yóu
pipeline (m)	油管	yóu guǎn
tour (f) de forage	石油钻塔	shí yóu zuān tǎ
derrick (m)	钻油塔	zuān yóu tǎ
pétrolier (m)	油船，油轮	yóu chuán, yóu lún
sable (m)	沙，沙子	shā, shā zi
calcaire (m)	石灰石	shí huī shí
gravier (m)	砾石	lì shí
tourbe (f)	泥煤	ní méi
argile (f)	粘土	nián tǔ
charbon (m)	煤	méi
fer (m)	铁	tiě
or (m)	黄金	huáng jīn
argent (m)	银	yín
nickel (m)	镍	niè
cuivre (m)	铜	tóng
zinc (m)	锌	xīn
manganèse (m)	锰	měng
mercure (m)	水银	shuǐ yín
plomb (m)	铅	qiān
minéral (m)	矿物	kuàng wù
cristal (m)	结晶	jié jīng

| marbre (m) | 大理石 | dà lǐ shí |
| uranium (m) | 铀 | yóu |

85. Le temps

temps (m)	天气	tiān qì
météo (f)	气象预报	qìxiàng yùbào
température (f)	温度	wēn dù
thermomètre (m)	温度表	wēn dù biǎo
baromètre (m)	气压表	qì yā biǎo
humidité (f)	空气湿度	kōng qì shī dù
chaleur (f) (canicule)	炎热	yán rè
torride (adj)	热的	rè de
il fait très chaud	天气热	tiān qì rè
il fait chaud	天气暖	tiān qì nuǎn
chaud (modérément)	暖和的	nuǎn huo de
il fait froid	天气冷	tiān qì lěng
froid (adj)	冷的	lěng de
soleil (m)	太阳	tài yáng
briller (soleil)	发光	fā guāng
ensoleillé (jour ~)	阳光充足的	yáng guāng chōng zú de
se lever (vp)	升起	shēng qǐ
se coucher (vp)	落山	luò shān
nuage (m)	云	yún
nuageux (adj)	多云的	duō yún de
nuée (f)	乌云	wū yún
sombre (adj)	阴沉的	yīn chén de
pluie (f)	雨	yǔ
il pleut	下雨	xià yǔ
pluvieux (adj)	雨 ··· , 多雨的	yǔ ..., duō yǔ de
bruiner (v imp)	下毛毛雨	xià máo máo yǔ
pluie (f) torrentielle	倾盆大雨	qīng pén dà yǔ
averse (f)	暴雨	bào yǔ
forte (la pluie ~)	大 ···	dà ...
flaque (f)	水洼	shuǐ wā
se faire mouiller	淋湿	lín shī
brouillard (m)	雾气	wù qì
brumeux (adj)	多雾的	duō wù de
neige (f)	雪	xuě
il neige	下雪	xià xuě

86. Les intempéries. Les catastrophes naturelles

orage (m)	大雷雨	dà léi yǔ
éclair (m)	闪电	shǎn diàn
éclater (foudre)	闪光	shǎn guāng
tonnerre (m)	雷，雷声	léi, léi shēng
gronder (tonnerre)	打雷	dǎ léi
le tonnerre gronde	打雷	dǎ léi
grêle (f)	雹子	báo zi
il grêle	下冰雹	xià bīng báo
inonder (vt)	淹没	yān mò
inondation (f)	洪水	hóng shuǐ
tremblement (m) de terre	地震	dì zhèn
secousse (f)	震动	zhèn dòng
épicentre (m)	震中	zhèn zhōng
éruption (f)	喷发	pèn fā
lave (f)	熔岩	róng yán
tourbillon (m)	旋风	xuànfēng
tornade (f)	龙卷风	lóng juàn fēng
typhon (m)	台风	tái fēng
ouragan (m)	飓风	jù fēng
tempête (f)	风暴	fēng bào
tsunami (m)	海啸	hǎi xiào
cyclone (m)	气旋	qì xuán
intempéries (f pl)	恶劣天气	è liè tiān qì
incendie (m)	火灾	huǒ zāi
catastrophe (f)	灾难	zāi nàn
météorite (m)	陨石	yǔn shí
avalanche (f)	雪崩	xuě bēng
éboulement (m)	雪崩	xuě bēng
blizzard (m)	暴风雪	bào fēng xuě
tempête (f) de neige	暴风雪	bào fēng xuě

T&P BOOKS

LA FAUNE

T&P Books Publishing

87. Les mammifères. Les prédateurs

prédateur (m)	捕食者	bǔ shí zhě
tigre (m)	老虎	lǎo hǔ
lion (m)	狮子	shī zi
loup (m)	狼	láng
renard (m)	狐狸	húli
jaguar (m)	美洲豹	měi zhōu bào
léopard (m)	豹	bào
guépard (m)	猎豹	liè bào
panthère (f)	豹	bào
puma (m)	美洲狮	měi zhōu shī
léopard (m) de neiges	雪豹	xuě bào
lynx (m)	猞猁	shē lì
coyote (m)	丛林狼	cóng lín láng
chacal (m)	豺	chái
hyène (f)	鬣狗	liè gǒu

88. Les animaux sauvages

animal (m)	动物	dòng wù
bête (f)	兽	shòu
écureuil (m)	松鼠	sōng shǔ
hérisson (m)	刺猬	cì wei
lièvre (m)	野兔	yě tù
lapin (m)	家兔	jiā tù
blaireau (m)	獾	huān
raton (m)	浣熊	huàn xióng
hamster (m)	仓鼠	cāng shǔ
marmotte (f)	土拨鼠	tǔ bō shǔ
taupe (f)	鼹鼠	yǎn shǔ
souris (f)	老鼠	lǎo shǔ
rat (m)	大家鼠	dà jiā shǔ
chauve-souris (f)	蝙蝠	biān fú
hermine (f)	白鼬	bái yòu
zibeline (f)	黑貂	hēi diāo
martre (f)	貂	diāo

belette (f)	银鼠	yín shǔ
vison (m)	水貂	shuǐ diāo
castor (m)	海狸	hǎi lí
loutre (f)	水獭	shuǐ tǎ
cheval (m)	马	mǎ
élan (m)	驼鹿	tuó lù
cerf (m)	鹿	lù
chameau (m)	骆驼	luò tuo
bison (m)	美洲野牛	měizhōu yěniú
aurochs (m)	欧洲野牛	oūzhōu yěniú
buffle (m)	水牛	shuǐ niú
zèbre (m)	斑马	bān mǎ
antilope (f)	羚羊	líng yáng
chevreuil (m)	狍子	páo zi
biche (f)	扁角鹿	biǎn jiǎo lù
chamois (m)	岩羚羊	yán líng yáng
sanglier (m)	野猪	yě zhū
baleine (f)	鲸	jīng
phoque (m)	海豹	hǎi bào
morse (m)	海象	hǎi xiàng
ours (m) de mer	海狗	hǎi gǒu
dauphin (m)	海豚	hǎi tún
ours (m)	熊	xióng
ours (m) blanc	北极熊	běi jí xióng
panda (m)	熊猫	xióng māo
singe (m)	猴子	hóu zi
chimpanzé (m)	黑猩猩	hēi xīng xing
orang-outang (m)	猩猩	xīng xing
gorille (m)	大猩猩	dà xīng xing
macaque (m)	猕猴	mí hóu
gibbon (m)	长臂猿	cháng bì yuán
éléphant (m)	象	xiàng
rhinocéros (m)	犀牛	xī niú
girafe (f)	长颈鹿	cháng jǐng lù
hippopotame (m)	河马	hé mǎ
kangourou (m)	袋鼠	dài shǔ
koala (m)	树袋熊	shù dài xióng
mangouste (f)	猫鼬	māo yòu
chinchilla (m)	毛丝鼠	máo sī shǔ
mouffette (f)	臭鼬	chòu yòu
porc-épic (m)	箭猪	jiàn zhū

89. Les animaux domestiques

chat (m) (femelle)	母猫	mǔ māo
chat (m) (mâle)	雄猫	xióng māo
cheval (m)	马	mǎ
étalon (m)	公马	gōng mǎ
jument (f)	母马	mǔ mǎ
vache (f)	母牛	mǔ niú
taureau (m)	公牛	gōng niú
bœuf (m)	阉牛	yān niú
brebis (f)	羊，绵羊	yáng, mián yáng
mouton (m)	公绵羊	gōng mián yáng
chèvre (f)	山羊	shān yáng
bouc (m)	公山羊	gōng shān yáng
âne (m)	驴	lǘ
mulet (m)	骡子	luó zi
cochon (m)	猪	zhū
pourceau (m)	小猪	xiǎo zhū
lapin (m)	家兔	jiā tù
poule (f)	母鸡	mǔ jī
coq (m)	公鸡	gōng jī
canard (m)	鸭子	yā zi
canard (m) mâle	公鸭子	gōng yā zi
oie (f)	鹅	é
dindon (m)	雄火鸡	xióng huǒ jī
dinde (f)	火鸡	huǒ jī
animaux (m pl) domestiques	家畜	jiā chù
apprivoisé (adj)	驯化的	xùn huà de
apprivoiser (vt)	驯化	xùn huà
élever (vt)	饲养	sì yǎng
ferme (f)	农场	nóng chǎng
volaille (f)	家禽	jiā qín
bétail (m)	牲畜	shēng chù
troupeau (m)	群	qún
écurie (f)	马厩	mǎ jiù
porcherie (f)	猪圈	zhū jiàn
vacherie (f)	牛棚	niú péng
cabane (f) à lapins	兔舍	tù shè
poulailler (m)	鸡窝	jī wō

90. Les oiseaux

oiseau (m)	鸟	niǎo
pigeon (m)	鸽子	gē zi
moineau (m)	麻雀	má què
mésange (f)	山雀	shān què
pie (f)	喜鹊	xǐ què
corbeau (m)	渡鸦	dù yā
corneille (f)	乌鸦	wū yā
choucas (m)	穴鸟	xué niǎo
freux (m)	秃鼻乌鸦	tū bí wū yā
canard (m)	鸭子	yā zi
oie (f)	鹅	é
faisan (m)	野鸡	yě jī
aigle (m)	鹰	yīng
épervier (m)	鹰，隼	yīng, sǔn
faucon (m)	隼，猎鹰	sǔn, liè yīng
vautour (m)	秃鹫	tū jiù
condor (m)	神鹰	shén yīng
cygne (m)	天鹅	tiān é
grue (f)	鹤	hè
cigogne (f)	鹳	guàn
perroquet (m)	鹦鹉	yīng wǔ
colibri (m)	蜂鸟	fēng niǎo
paon (m)	孔雀	kǒng què
autruche (f)	鸵鸟	tuó niǎo
héron (m)	鹭	lù
flamant (m)	火烈鸟	huǒ liè niǎo
pélican (m)	鹈鹕	tí hú
rossignol (m)	夜莺	yè yīng
hirondelle (f)	燕子	yàn zi
merle (m)	田鸫	tián dōng
grive (f)	歌鸠	gē jiū
merle (m) noir	乌鸫	wū dōng
martinet (m)	雨燕	yǔ yàn
alouette (f) des champs	云雀	yún què
caille (f)	鹌鹑	ān chún
pivert (m)	啄木鸟	zhuó mù niǎo
coucou (m)	布谷鸟	bù gǔ niǎo
chouette (f)	猫头鹰	māo tóu yīng
hibou (m)	雕号鸟	diāo hào niǎo

tétras (m)	松鸡	sōng jī
tétras-lyre (m)	黑琴鸡	hēi qín jī
perdrix (f)	山鹑	shān chún
étourneau (m)	椋鸟	liáng niǎo
canari (m)	金丝雀	jīn sī què
gélinotte (f) des bois	花尾秦鸡	huā yǐ qín jī
pinson (m)	苍头燕雀	cāng tóu yàn què
bouvreuil (m)	红腹灰雀	hóng fù huī què
mouette (f)	海鸥	hǎi ōu
albatros (m)	信天翁	xìn tiān wēng
pingouin (m)	企鹅	qǐ é

91. Les poissons. Les animaux marins

brème (f)	鳊鱼	biān yú
carpe (f)	鲤鱼	lǐyú
perche (f)	鲈鱼	lú yú
silure (m)	鲶鱼	nián yú
brochet (m)	狗鱼	gǒu yú
saumon (m)	鲑鱼	guī yú
esturgeon (m)	鲟鱼	xú nyú
hareng (m)	鲱鱼	fēi yú
saumon (m) atlantique	大西洋鲑	dà xī yáng guī
maquereau (m)	鲭鱼	qīng yú
flet (m)	比目鱼	bǐ mù yú
sandre (f)	白梭吻鲈	bái suō wěn lú
morue (f)	鳕鱼	xuě yú
thon (m)	金枪鱼	jīn qiāng yú
truite (f)	鳟鱼	zūn yú
anguille (f)	鳗鱼，鳝鱼	mán yú, shàn yú
torpille (f)	电鳐目	diàn yáo mù
murène (f)	海鳝	hǎi shàn
piranha (m)	食人鱼	shí rén yú
requin (m)	鲨鱼	shā yú
dauphin (m)	海豚	hǎi tún
baleine (f)	鲸	jīng
crabe (m)	螃蟹	páng xiè
méduse (f)	海蜇	hǎi zhē
pieuvre (f), poulpe (m)	章鱼	zhāng yú
étoile (f) de mer	海星	hǎi xīng
oursin (m)	海胆	hǎi dǎn

hippocampe (m)	海马	hǎi mǎ
huître (f)	牡蛎	mǔ lì
crevette (f)	虾，小虾	xiā, xiǎo xiā
homard (m)	螯龙虾	áo lóng xiā
langoustine (f)	龙虾科	lóng xiā kē

92. Les amphibiens. Les reptiles

serpent (m)	蛇	shé
venimeux (adj)	有毒的	yǒu dú de
vipère (f)	蝮蛇	fù shé
cobra (m)	眼镜蛇	yǎn jìng shé
python (m)	蟒蛇	mǎng shé
boa (m)	大蟒蛇	dà mǎng shé
couleuvre (f)	水游蛇	shuǐ yóu shé
serpent (m) à sonnettes	响尾蛇	xiǎng wěi shé
anaconda (m)	森蚺	sēn rán
lézard (m)	蜥蜴	xī yì
iguane (m)	鬣鳞蜥	liè lín xī
varan (m)	巨蜥	jù xī
salamandre (f)	蝾螈	róng yuán
caméléon (m)	变色龙	biàn sè lóng
scorpion (m)	蝎子	xiē zi
tortue (f)	龟	guī
grenouille (f)	青蛙	qīng wā
crapaud (m)	蟾蜍	chán chú
crocodile (m)	鳄鱼	è yú

93. Les insectes

insecte (m)	昆虫	kūn chóng
papillon (m)	蝴蝶	hú dié
fourmi (f)	蚂蚁	mǎ yǐ
mouche (f)	苍蝇	cāng ying
moustique (m)	蚊子	wén zi
scarabée (m)	甲虫	jiǎ chóng
guêpe (f)	黄蜂	huáng fēng
abeille (f)	蜜蜂	mì fēng
bourdon (m)	熊蜂	xióng fēng
œstre (m)	牛虻	niú méng
araignée (f)	蜘蛛	zhī zhū
toile (f) d'araignée	蜘蛛网	zhī zhū wǎng

libellule (f)	蜻蜓	qīng tíng
sauterelle (f)	蝗虫	huáng chóng
papillon (m)	蛾	é

cafard (m)	蟑螂	zhāng láng
tique (f)	壁虱	bì shī
puce (f)	跳蚤	tiào zao
moucheron (m)	蠓	měng

criquet (m)	蝗虫	huáng chóng
escargot (m)	蜗牛	wō niú
grillon (m)	蟋蟀	xī shuài
luciole (f)	萤火虫	yíng huǒ chóng
coccinelle (f)	瓢虫	piáo chóng
hanneton (m)	大傈鳃角金龟	dà lì sāi jiǎo jīn guī

sangsue (f)	水蛭	shuǐ zhì
chenille (f)	毛虫	máo chóng
ver (m)	虫，蠕虫	chóng, rú chóng
larve (f)	幼虫	yòu chóng

T&P BOOKS

LA FLORE

T&P Books Publishing

arbre (m)	树，乔木	shù, qiáo mù
à feuilles caduques	每年落叶的	měi nián luò yè de
conifère (adj)	针叶树	zhēn yè shù
à feuilles persistantes	常绿树	cháng lǜ shù
pommier (m)	苹果树	píngguǒ shù
poirier (m)	梨树	lí shù
merisier (m)	欧洲甜樱桃树	oūzhōu tián yīngtáo shù
cerisier (m)	樱桃树	yīngtáo shù
prunier (m)	李树	lǐ shù
bouleau (m)	白桦，桦树	bái huà, huà shù
chêne (m)	橡树	xiàng shù
tilleul (m)	椴树	duàn shù
tremble (m)	山杨	shān yáng
érable (m)	枫树	fēng shù
épicéa (m)	枞树，杉树	cōng shù, shān shù
pin (m)	松树	sōng shù
mélèze (m)	落叶松	luò yè sōng
sapin (m)	冷杉	lěng shān
cèdre (m)	雪松	xuě sōng
peuplier (m)	杨	yáng
sorbier (m)	花楸	huā qiū
saule (m)	柳树	liǔ shù
aune (m)	赤杨	chì yáng
hêtre (m)	山毛榉	shān máo jǔ
orme (m)	榆树	yú shù
frêne (m)	白腊树	bái là shù
marronnier (m)	栗树	lì shù
magnolia (m)	木兰	mù lán
palmier (m)	棕榈树	zōng lǘ shù
cyprès (m)	柏树	bǎi shù
baobab (m)	猴面包树	hóu miàn bāo shù
eucalyptus (m)	桉树	ān shù
séquoia (m)	红杉	hóng shān

95. Les arbustes

buisson (m)	灌木	guàn mù
arbrisseau (m)	灌木	guàn mù
vigne (f)	葡萄	pú tao
vigne (f) (vignoble)	葡萄园	pú táo yuán
framboise (f)	悬钩栗	xuán gōu lì
groseille (f) rouge	红醋栗	hóng cù lì
groseille (f) verte	醋栗	cù lì
acacia (m)	金合欢	jīn hé huān
berbéris (m)	小檗	xiǎo bò
jasmin (m)	茉莉	mò li
genévrier (m)	刺柏	cì bǎi
rosier (m)	玫瑰丛	méi guī cóng
églantier (m)	犬蔷薇	quǎn qiáng wēi

96. Les fruits. Les baies

pomme (f)	苹果	píng guǒ
poire (f)	梨	lí
prune (f)	李子	lǐ zi
fraise (f)	草莓	cǎo méi
cerise (f)	樱桃	yīngtáo
merise (f)	欧洲甜樱桃	oūzhōu tián yīngtáo
raisin (m)	葡萄	pú tao
framboise (f)	覆盆子	fù pén zi
cassis (m)	黑醋栗	hēi cù lì
groseille (f) rouge	红醋栗	hóng cù lì
groseille (f) verte	醋栗	cù lì
canneberge (f)	小红莓	xiǎo hóng méi
orange (f)	橙子	chén zi
mandarine (f)	橘子	jú zi
ananas (m)	菠萝	bō luó
banane (f)	香蕉	xiāng jiāo
datte (f)	海枣	hǎi zǎo
citron (m)	柠檬	níng méng
abricot (m)	杏子	xìng zi
pêche (f)	桃子	táo zi
kiwi (m)	猕猴桃	mí hóu táo
pamplemousse (m)	葡萄柚	pú tao yòu
baie (f)	浆果	jiāng guǒ

baies (f pl)	浆果	jiāng guǒ
airelle (f) rouge	越橘	yuè jú
fraise (f) des bois	草莓	cǎo méi
myrtille (f)	越橘	yuè jú

97. Les fleurs. Les plantes

fleur (f)	花	huā
bouquet (m)	花束	huā shù
rose (f)	玫瑰	méi guī
tulipe (f)	郁金香	yù jīn xiāng
oeillet (m)	康乃馨	kāng nǎi xīn
glaïeul (m)	唐菖蒲	táng chāng pú
bleuet (m)	矢车菊	shǐ chē jú
campanule (f)	风铃草	fēng líng cǎo
dent-de-lion (f)	蒲公英	pú gōng yīng
marguerite (f)	甘菊	gān jú
aloès (m)	芦荟	lúhuì
cactus (m)	仙人掌	xiān rén zhǎng
ficus (m)	橡胶树	xiàng jiāo shù
lis (m)	百合花	bǎi hé huā
géranium (m)	天竺葵	tiān zhú kuí
jacinthe (f)	风信子	fēng xìn zǐ
mimosa (m)	含羞草	hán xiū cǎo
jonquille (f)	水仙	shuǐ xiān
capucine (f)	旱金莲	hàn jīn lián
orchidée (f)	兰花	lán huā
pivoine (f)	芍药	sháo yao
violette (f)	紫罗兰	zǐ luó lán
pensée (f)	三色堇	sān sè jǐn
myosotis (m)	勿忘草	wù wàng cǎo
pâquerette (f)	雏菊	chú jú
coquelicot (m)	罂粟	yīng sù
chanvre (m)	大麻	dà má
menthe (f)	薄河	bó hé
muguet (m)	铃兰	líng lán
perce-neige (f)	雪花莲	xuě huā lián
ortie (f)	荨麻	qián má
oseille (f)	酸模	suān mó
nénuphar (m)	睡莲	shuì lián

fougère (f)	蕨	jué
lichen (m)	地衣	dì yī
serre (f) tropicale	温室	wēn shì
gazon (m)	草坪	cǎo píng
parterre (m) de fleurs	花坛，花圃	huā tán, huā pǔ
plante (f)	植物	zhí wù
herbe (f)	草	cǎo
brin (m) d'herbe	叶片	yè piàn
feuille (f)	叶子	yè zi
pétale (m)	花瓣	huā bàn
tige (f)	茎	jīng
tubercule (m)	块茎	kuài jīng
pousse (f)	芽	yá
épine (f)	刺	cì
fleurir (vi)	开花	kāi huā
se faner (vp)	枯萎	kū wěi
odeur (f)	香味	xiāng wèi
couper (vt)	切	qiē
cueillir (fleurs)	采，摘	cǎi, zhāi

98. Les céréales

grains (m pl)	谷物	gǔ wù
céréales (f pl) (plantes)	谷类作物	gǔ lèi zuò wù
épi (m)	穗	suì
blé (m)	小麦	xiǎo mài
seigle (m)	黑麦	hēi mài
avoine (f)	燕麦	yàn mài
millet (m)	粟，小米	sù, xiǎo mǐ
orge (f)	大麦	dàmài
maïs (m)	玉米	yù mǐ
riz (m)	稻米	dào mǐ
sarrasin (m)	荞麦	qiáo mài
pois (m)	豌豆	wān dòu
haricot (m)	四季豆	sì jì dòu
soja (m)	黄豆	huáng dòu
lentille (f)	兵豆	bīng dòu
fèves (f pl)	豆子	dòu zi

LES PAYS DU MONDE

T&P Books Publishing

Afghanistan (m)	阿富汗	āfùhàn
Albanie (f)	阿尔巴尼亚	āěrbāníyà
Allemagne (f)	德国	dé guó
Angleterre (f)	英国	yīngguó
Arabie (f) Saoudite	沙特阿拉伯	shātè ālābó
Argentine (f)	阿根廷	āgēntíng
Arménie (f)	亚美尼亚	yàměiníyà
Australie (f)	澳大利亚	àodàliyà
Autriche (f)	奥地利	àodìlì
Azerbaïdjan (m)	阿塞拜疆	āsàibàijiāng
Bahamas (f pl)	巴哈马群岛	bāhāmǎ qúndǎo
Bangladesh (m)	孟加拉国	mèngjiālāguó
Belgique (f)	比利时	bǐlìshí
Biélorussie (f)	白俄罗斯	báiéluósī
Bolivie (f)	玻利维亚	bōlìwéiyà
Bosnie (f)	波斯尼亚-黑塞哥维那	bōsīníyà hēisègēwéinà
Brésil (m)	巴西	bāxī
Bulgarie (f)	保加利亚	bǎojiālìyà
Cambodge (m)	柬埔寨	jiǎnpǔzhài
Canada (m)	加拿大	jiānádà
Chili (m)	智利	zhìlì
Chine (f)	中国	zhōngguó
Chypre (m)	塞浦路斯	sàipǔlùsī
Colombie (f)	哥伦比亚	gēlúnbǐyà
Corée (f) du Nord	北朝鲜	běicháoxiǎn
Corée (f) du Sud	韩国	hánguó
Croatie (f)	克罗地亚	kèluódìyà
Cuba (f)	古巴	gǔbā
Danemark (m)	丹麦	dānmài
Écosse (f)	苏格兰	sūgélán
Égypte (f)	埃及	āijí
Équateur (m)	厄瓜多尔	èguāduōěr
Espagne (f)	西班牙	xībānyá
Estonie (f)	爱沙尼亚	àishāníyà
Les États Unis	美国	měiguó
Fédération (f) des Émirats Arabes Unis	阿联酋	ēliánqiú
Finlande (f)	芬兰	fēnlán
France (f)	法国	fǎguó
Géorgie (f)	格鲁吉亚	gélǔjíyà

Ghana (m)	加纳	jiā nà
Grande-Bretagne (f)	大不列颠	dàbùlièdiān
Grèce (f)	希腊	xīlà

100. Les pays du monde. Partie 2

Haïti (m)	海地	hǎidì
Hongrie (f)	匈牙利	xiōngyálì
Inde (f)	印度	yìndù
Indonésie (f)	印度尼西亚	yìndùníxīyà
Iran (m)	伊朗	yīlǎng
Iraq (m)	伊拉克	yīlākè
Irlande (f)	爱尔兰	aìěrlán
Islande (f)	冰岛	bīngdǎo
Israël (m)	以色列	yīsèliè
Italie (f)	意大利	yìdàlì

Jamaïque (f)	牙买加	yámǎijiā
Japon (m)	日本	rìběn
Jordanie (f)	约旦	yuēdàn
Kazakhstan (m)	哈萨克斯坦	hāsàkèsītǎn
Kenya (m)	肯尼亚	kěn ní yà
Kirghizistan (m)	吉尔吉斯	jíěrjísī
Koweït (m)	科威特	kēwēitè

Laos (m)	老挝	lǎowō
Lettonie (f)	拉脱维亚	lātuōwéiyà
Liban (m)	黎巴嫩	líbānèn
Libye (f)	利比亚	lìbǐyà
Liechtenstein (m)	列支敦士登	lièzhīdūnshìdēng
Lituanie (f)	立陶宛	lìtáowǎn
Luxembourg (m)	卢森堡	lúsēnbǎo

Macédoine (f)	马其顿	mǎqídùn
Madagascar (f)	马达加斯加	mǎdájiāsījiā
Malaisie (f)	马来西亚	mǎláixīyà
Malte (f)	马耳他	mǎěrtā
Maroc (m)	摩洛哥	móluògē
Mexique (m)	墨西哥	mòxīgē
Moldavie (f)	摩尔多瓦	móěrduōwǎ

Monaco (m)	摩纳哥	mónàgē
Mongolie (f)	蒙古	ménggǔ
Monténégro (m)	黑山	hēishān
Myanmar (m)	缅甸	miǎndiàn
Namibie (f)	纳米比亚	nàmǐbǐyà
Népal (m)	尼泊尔	níbóěr
Norvège (f)	挪威	nuówēi
Nouvelle Zélande (f)	新西兰	xīnxīlán
Ouzbékistan (m)	乌兹别克斯坦	wūzībiékèsītǎn

101. Les pays du monde. Partie 3

Pakistan (m)	巴基斯坦	bājīsītǎn
Palestine (f)	巴勒斯坦	bālèsītǎn
Panamá (m)	巴拿马	bānámǎ
Paraguay (m)	巴拉圭	bālāguī
Pays-Bas (m)	荷兰	hélán
Pérou (m)	秘鲁	bìlǔ
Pologne (f)	波兰	bōlán
Polynésie (f) Française	法属波利尼西亚	fǎshǔ bōlìníxīyà
Portugal (m)	葡萄牙	pútáoyá
République (f) Dominicaine	多米尼加共和国	duōmǐníjiāgònghéguó
République (f) Sud-africaine	南非	nánfēi
République (f) Tchèque	捷克共和国	jiékè gònghéguó
Roumanie (f)	罗马尼亚	luómǎníyà
Russie (f)	俄罗斯	éluósī
Sénégal (m)	塞内加尔	sàinèijiāěr
Serbie (f)	塞尔维亚	sāiěrwéiyà
Slovaquie (f)	斯洛伐克	sīluòfákè
Slovénie (f)	斯洛文尼亚	sīluòwénníyà
Suède (f)	瑞典	ruìdiǎn
Suisse (f)	瑞士	ruìshì
Surinam (m)	苏里南	sūlǐnán
Syrie (f)	叙利亚	xùlìyà
Tadjikistan (m)	塔吉克斯坦	tǎjíkèsītǎn
Taïwan (m)	台湾	táiwān
Tanzanie (f)	坦桑尼亚	tǎnsāngníyà
Tasmanie (f)	塔斯马尼亚	tǎsīmǎníyà
Thaïlande (f)	泰国	tàiguó
Tunisie (f)	突尼斯	tūnísī
Turkménistan (m)	土库曼斯坦	tǔkùmànsītǎn
Turquie (f)	土耳其	tǔěrqí
Ukraine (f)	乌克兰	wūkèlán
Uruguay (m)	乌拉圭	wūlāguī
Vatican (m)	梵蒂冈	fàndìgāng
Venezuela (f)	委内瑞拉	wěinèiruìlā
Vietnam (m)	越南	yuènán
Zanzibar (m)	桑给巴尔	sāngjǐbāěr

GLOSSAIRE GASTRONOMIQUE

Cette section contient
beaucoup de mots associés
à la nourriture. Ce dictionnaire
vous facilitera la tâche
de comprendre le menu
et de commander le bon plat
au restaurant

T&P Books Publishing

Français-Chinois glossaire gastronomique

épi (m)	穗	suì
épice (f)	香料	xiāng liào
épinard (m)	菠菜	bō cài
œuf (m)	鸡蛋	jī dàn
abricot (m)	杏子	xìng zi
addition (f)	账单	zhàng dān
ail (m)	大蒜	dà suàn
airelle (f) rouge	越橘	yuè jú
amande (f)	杏仁	xìng rén
amanite (f) tue-mouches	蛤蟆菌	há má jùn
amer (adj)	苦的	kǔ de
ananas (m)	菠萝	bō luó
anguille (f)	鳗鱼，鳝鱼	mán yú, shàn yú
anis (m)	茴芹	huí qín
apéritif (m)	开胃酒	kāi wèi jiǔ
appétit (m)	胃口	wèi kǒu
arrière-goût (m)	回味，余味	huí wèi, yú wèi
artichaut (m)	朝鲜蓟	cháo xiǎn jì
asperge (f)	芦笋	lú sǔn
assiette (f)	盘子	pán zi
aubergine (f)	茄子	qié zi
avec de la glace	加冰的	jiā bīng de
avocat (m)	鳄梨	è lí
avoine (f)	燕麦	yàn mài
bacon (m)	腊肉	là ròu
baie (f)	浆果	jiāng guǒ
baies (f pl)	浆果	jiāng guǒ
banane (f)	香蕉	xiāng jiāo
bar (m)	酒吧	jiǔ bā
barman (m)	酒保	jiǔ bǎo
basilic (m)	罗勒	luó lè
betterave (f)	甜菜	tiáncài
beurre (m)	黄油	huáng yóu
bière (f)	啤酒	píjiǔ
bière (f) blonde	淡啤酒	dàn píjiǔ
bière (f) brune	黑啤酒	hēi píjiǔ
biscuit (m)	饼干	bǐng gān
blé (m)	小麦	xiǎo mài
blanc (m) d'œuf	蛋白	dàn bái
boisson (f) non alcoolisée	软性饮料	ruǎn xìng yǐn liào
boissons (f pl) alcoolisées	烈酒	liè jiǔ
bolet (m) bai	褐疣柄牛肝菌	hè yóu bǐng niú gān jūn

bolet (m) orangé	橙盖牛肝菌	chéng gài niú gān jūn
bon (adj)	美味的	měi wèi de
Bon appétit!	请慢用!	qǐng màn yòng!
bonbon (m)	糖果	táng guǒ
bouillie (f)	麦片粥	mài piàn zhōu
bouillon (m)	清汤	qīng tāng
boulette (f)	肉饼	ròu bǐng
brème (f)	鳊鱼	biān yú
brochet (m)	狗鱼	gǒu yú
brocoli (m)	西蓝花	xī lán huā
cèpe (m)	美味牛肝菌	měi wèi niú gān jūn
céleri (m)	芹菜	qín cài
céréales (f pl)	谷类作物	gǔ lèi zuò wù
cacahuète (f)	花生	huā shēng
café (m)	咖啡	kāfēi
café (m) au lait	加牛奶的咖啡	jiāniúnǎide kāfēi
café (m) noir	黑咖啡	hēi kāfēi
café (m) soluble	速溶咖啡	sùróng kāfēi
calamar (m)	鱿鱼	yóu yú
calorie (f)	卡路里	kǎlùlǐ
canard (m)	鸭子	yā zi
canneberge (f)	小红莓	xiǎo hóng méi
cannelle (f)	肉桂	ròu guì
cappuccino (m)	卡布奇诺	kǎ bù jī nuò
carotte (f)	胡萝卜	hú luó bo
carpe (f)	鲤鱼	lǐyú
carte (f)	菜单	cài dān
carte (f) des vins	酒单	jiǔ dān
cassis (m)	黑醋栗	hēi cù lì
caviar (m)	鱼子酱	yúzǐ jiàng
cerise (f)	樱桃	yīngtáo
champagne (m)	香槟	xiāng bīn
champignon (m)	蘑菇	mógu
champignon (m) comestible	可食的蘑菇	kěshíde mógu
champignon (m) vénéneux	毒蘑菇	dú mógu
chaud (adj)	烫的	tàng de
chocolat (m)	巧克力	qiǎo kè lì
chou (m)	洋白菜	yáng bái cài
chou (m) de Bruxelles	球芽甘蓝	qiú yá gān lán
chou-fleur (m)	菜花	cài huā
citron (m)	柠檬	níng méng
clou (m) de girofle	丁香	dīng xiāng
cocktail (m)	鸡尾酒	jī wěi jiǔ
cocktail (m) au lait	奶昔	nǎi xī
cognac (m)	法国白兰地	fǎguó báilándì
concombre (m)	黄瓜	huáng guā
condiment (m)	调味品	diào wèi pǐn
confiserie (f)	油酥面饼	yóu sū miàn bǐng
confiture (f)	果冻	guǒ dòng
confiture (f)	果酱	guǒ jiàng

congelé (adj)	冷冻的	lěng dòng de
conserves (f pl)	罐头食品	guàn tou shí pǐn
coriandre (m)	芫荽	yuán suī
courgette (f)	西葫芦	xī hú lu
couteau (m)	刀, 刀子	dāo, dāo zi
crème (f)	奶油	nǎi yóu
crème (f) aigre	酸奶油	suān nǎi yóu
crème (f) au beurre	乳脂	rǔ zhī
crabe (m)	螃蟹	páng xiè
crevette (f)	虾, 小虾	xiā, xiǎo xiā
cuillère (f)	勺子	sháo zi
cuillère (f) à soupe	汤匙	tāng chí
cuisine (f)	菜肴	cài yáo
cuisse (f)	熏火腿	xūn huǒ tuǐ
cuit à l'eau (adj)	煮熟的	zhǔ shóu de
cumin (m)	葛缕子	gélǚ zi
cure-dent (m)	牙签	yá qiān
déjeuner (m)	午饭	wǔ fàn
dîner (m)	晚餐	wǎn cān
datte (f)	海枣	hǎi zǎo
dessert (m)	甜点心	tián diǎn xīn
dinde (f)	火鸡	huǒ jī
du bœuf	牛肉	niú ròu
du mouton	羊肉	yáng ròu
du porc	猪肉	zhū ròu
du veau	小牛肉	xiǎo niú ròu
eau (f)	水	shuǐ
eau (f) minérale	矿泉水	kuàng quán shuǐ
eau (f) potable	饮用水	yǐn yòng shuǐ
en chocolat (adj)	巧克力的	qiǎo kè lì de
esturgeon (m)	鲟鱼	xú nyú
fèves (f pl)	豆子	dòu zi
farce (f)	碎牛肉	suì niú ròu
farine (f)	面粉	miàn fěn
fenouil (m)	莳萝	shì luó
feuille (f) de laurier	月桂叶	yuè guì yè
figue (f)	无花果	wú huā guǒ
flétan (m)	比目鱼	bǐ mù yú
flet (m)	比目鱼	bǐ mù yú
foie (m)	肝	gān
fourchette (f)	叉, 餐叉	chā, cān chā
fraise (f)	草莓	cǎo méi
fraise (f) des bois	草莓	cǎo méi
framboise (f)	覆盆子	fù pén zi
frit (adj)	油煎的	yóu jiān de
froid (adj)	冷的	lěng de
fromage (m)	奶酪	nǎi lào
fruit (m)	水果	shuǐ guǒ
fruits (m pl) de mer	海鲜	hǎi xiān
fumé (adj)	熏烤的	xūn kǎo de
gâteau (m)	小蛋糕	xiǎo dàngāo
gâteau (m)	大馅饼	dà xiàn bǐng

garniture (f)	馅	xiàn
garniture (f)	配菜	pèi cài
gaufre (f)	华夫饼干	huá fū bǐng gān
gazeuse (adj)	苏打 …	sū dá …
gibier (m)	猎物	liè wù
gin (m)	杜松子酒	dù sōng zǐ jiǔ
gingembre (m)	姜	jiāng
girolle (f)	鸡油菌	jī yóu jūn
glace (f)	冰	bīng
glace (f)	冰淇淋	bīng qí lín
glucides (m pl)	碳水化合物	tàn shuǐ huà hé wù
goût (m)	味道	wèi dào
gomme (f) à mâcher	口香糖	kǒu xiāng táng
grains (m pl)	谷物	gǔ wù
grenade (f)	石榴	shí liú
groseille (f) rouge	红醋栗	hóng cù lì
groseille (f) verte	醋栗	cù lì
gruau (m)	谷粒	gǔ lì
hamburger (m)	汉堡	hàn bǎo
hareng (m)	鲱鱼	fēi yú
haricot (m)	四季豆	sì jì dòu
hors-d'œuvre (m)	开胃菜	kāi wèi cài
huître (f)	牡蛎	mǔ lì
huile (f) d'olive	橄榄油	gǎn lǎn yóu
huile (f) de tournesol	向日葵油	xiàng rì kuí yóu
huile (f) végétale	植物油	zhí wù yóu
jambon (m)	火腿	huǒ tuǐ
jaune (m) d'œuf	蛋黄	dàn huáng
jus (m)	果汁	guǒzhī
jus (m) d'orange	橙子汁	chéng zi zhī
jus (m) de tomate	番茄汁	fān qié zhī
jus (m) pressé	新鲜果汁	xīnxiān guǒzhī
kiwi (m)	狝猴桃	mí hóu táo
légumes (m pl)	蔬菜	shū cài
lait (m)	牛奶	niú nǎi
lait (m) condensé	炼乳	liàn rǔ
laitue (f), salade (f)	生菜，莴苣	shēng cài, wō jù
langoustine (f)	龙虾	lóng xiā
langue (f)	口条	kǒu tiáo
lapin (m)	兔肉	tù ròu
lard (m)	猪油	zhū yóu
lentille (f)	兵豆	bīng dòu
les œufs	鸡蛋	jī dàn
les œufs brouillés	煎蛋	jiān dàn
limonade (f)	柠檬水	níng méng shuǐ
lipides (m pl)	脂肪	zhī fáng
liqueur (f)	甜酒	tián jiǔ
mûre (f)	黑莓	hēi méi
maïs (m)	玉米	yù mǐ
maïs (m)	玉米	yù mǐ
mandarine (f)	橘子	jú zi
mangue (f)	芒果	máng guǒ

maquereau (m)	鲭鱼	qīng yú
margarine (f)	人造奶油	rénzào nǎi yóu
mariné (adj)	醋渍的	cù zì de
marmelade (f)	酸果酱	suān guǒ jiàng
melon (m)	瓜，甜瓜	guā, tián guā
merise (f)	欧洲甜樱桃	oūzhōu tián yīngtáo
miel (m)	蜂蜜	fēng mì
miette (f)	面包屑	miàn bāo xiè
millet (m)	粟，小米	sù, xiǎo mǐ
morceau (m)	一块	yī kuài
morille (f)	羊肚菌	yáng dǔ jùn
morue (f)	鳕鱼	xuě yú
moutarde (f)	芥末	jiè mo
myrtille (f)	越橘	yuè jú
navet (m)	蔓菁	mán jing
noisette (f)	榛子	zhēn zi
noix (f)	核桃	hé tao
noix (f) de coco	椰子	yē zi
nouilles (f pl)	面条	miàn tiáo
nourriture (f)	食物	shí wù
oie (f)	鹅肉	é ròu
oignon (m)	洋葱	yáng cōng
olives (f pl)	橄榄	gǎn lǎn
omelette (f)	鸡蛋饼	jīdàn bǐng
orange (f)	橙子	chén zi
orge (f)	大麦	dàmài
oronge (f) verte	毒蕈	dú xùn
ouvre-boîte (m)	开罐器	kāi guàn qì
ouvre-bouteille (m)	瓶起子	píng qǐ zi
pâté (m)	鹅肝酱	é gān jiàng
pâtes (m pl)	通心粉	tōng xīn fěn
pétales (m pl) de maïs	玉米片	yù mǐ piàn
pétillante (adj)	汽水	qì shuǐ
pêche (f)	桃子	táo zi
pain (m)	面包	miàn bāo
pamplemousse (m)	葡萄柚	pú tao yòu
papaye (f)	木瓜	mù guā
paprika (m)	红甜椒粉	hóng tián jiāo fěn
pastèque (f)	西瓜	xī guā
peau (f)	皮	pí
perche (f)	鲈鱼	lú yú
persil (m)	欧芹	ōu qín
petit déjeuner (m)	早饭	zǎo fàn
petite cuillère (f)	茶匙	chá chí
pistaches (f pl)	开心果	kāi xīn guǒ
pizza (f)	比萨饼	bǐ sà bǐng
plat (m)	菜	cài
plate (adj)	无气的	wú qì de
poire (f)	梨	lí
pois (m)	豌豆	wān dòu
poisson (m)	鱼	yú
poivre (m) noir	黑胡椒	hēi hú jiāo

poivre (m) rouge	红辣椒粉	hóng là jiāo fěn
poivron (m)	胡椒，辣椒	hú jiāo, là jiāo
pomme (f)	苹果	píng guǒ
pomme (f) de terre	土豆	tǔ dòu
portion (f)	一份	yī fèn
potiron (m)	南瓜	nán guā
poulet (m)	鸡肉	jī ròu
pourboire (m)	小费	xiǎo fèi
protéines (f pl)	蛋白质	dàn bái zhì
prune (f)	李子	lǐ zi
purée (f)	土豆泥	tǔ dòu ní
régime (m)	日常饮食	rì cháng yǐn shí
rôti (m)	烤肉	kǎo ròu
radis (m)	水萝卜	shuǐ luó bo
rafraîchissement (m)	清凉饮料	qīng liáng yǐn liào
raifort (m)	辣根汁	là gēn zhī
raisin (m)	葡萄	pú tao
raisin (m) sec	葡萄干	pútao gān
recette (f)	烹饪法	pēng rèn fǎ
requin (m)	鲨鱼	shā yú
rhum (m)	朗姆酒	lǎng mǔ jiǔ
riz (m)	米	mǐ
russule (f)	红菇	hóng gū
sésame (m)	芝麻	zhī ma
safran (m)	番红花	fān hóng huā
salé (adj)	咸的	xián de
salade (f)	沙拉	shā lā
sandre (f)	白梭吻鲈	bái suō wěn lú
sandwich (m)	三明治	sān míng zhì
sans alcool	不含酒精的	bù hán jiǔ jīng de
sardine (f)	沙丁鱼	shā dīng yú
sarrasin (m)	荞麦	qiáo mài
sauce (f)	调味汁	tiáo wèi zhī
sauce (f) mayonnaise	蛋黄酱	dàn huáng jiàng
saucisse (f)	小灌肠	xiǎo guàn cháng
saucisson (m)	香肠	xiāng cháng
saumon (m)	鲑鱼	guī yú
saumon (m) atlantique	大西洋鲑	dà xī yáng guī
sec (adj)	干的	gān de
seigle (m)	黑麦	hēi mài
sel (m)	盐，食盐	yán, shí yán
serveur (m)	服务员	fú wù yuán
serveuse (f)	女服务员	nǚ fú wù yuán
silure (m)	鲶鱼	nián yú
soja (m)	黄豆	huáng dòu
soucoupe (f)	碟子	dié zi
soupe (f)	汤	tāng
spaghettis (m pl)	意大利面条	yì dà lì miàn tiáo
steak (m)	牛排	niú pái
sucré (adj)	甜的	tián de
sucre (m)	糖	táng
tarte (f)	蛋糕	dàngāo

tasse (f)	杯子	bēi zi
thé (m)	茶	chá
thé (m) noir	红茶	hóng chá
thé (m) vert	绿茶	lǜ chá
thon (m)	金枪鱼	jīn qiāng yú
tire-bouchon (m)	螺旋 拔塞器	luóxuán básāiqì
tomate (f)	西红柿	xī hóng shì
tranche (f)	一片	yī piàn
truite (f)	鳟鱼	zūn yú
végétarien (adj)	素的	sù de
végétarien (m)	素食者	sù shí zhě
verdure (f)	青菜	qīng cài
vermouth (m)	苦艾酒	kǔ ài jiǔ
verre (m)	杯子	bēi zi
verre (m) à vin	酒杯	jiǔ bēi
viande (f)	肉	ròu
vinaigre (m)	醋	cù
vitamine (f)	维生素	wéi shēng sù
vodka (f)	伏特加	fú tè jiā
whisky (m)	威士忌酒	wēi shì jì jiǔ
yogourt (m)	酸奶	suān nǎi

Chinois-Français glossaire gastronomique

鳄梨	è lí	avocat (m)
鹅肝酱	é gān jiàng	pâté (m)
鹅肉	é ròu	oie (f)
欧芹	ōu qín	persil (m)
白梭吻鲈	bái suō wěn lú	sandre (f)
不含酒精的	bù hán jiǔ jīng de	sans alcool
杯子	bēi zi	verre (m)
杯子	bēi zi	tasse (f)
冰	bīng	glace (f)
兵豆	bīng dòu	lentille (f)
冰淇淋	bīng qí lín	glace (f)
菠菜	bō cài	épinard (m)
菠萝	bō luó	ananas (m)
比目鱼	bǐ mù yú	flétan (m)
比目鱼	bǐ mù yú	flet (m)
比萨饼	bǐ sà bǐng	pizza (f)
饼干	bǐng gān	biscuit (m)
鳊鱼	biān yú	brème (f)
菜	cài	plat (m)
菜单	cài dān	carte (f)
菜花	cài huā	chou-fleur (m)
菜肴	cài yáo	cuisine (f)
醋	cù	vinaigre (m)
醋栗	cù lì	groseille (f) verte
醋渍的	cù zì de	mariné (adj)
草莓	cǎo méi	fraise (f)
草莓	cǎo méi	fraise (f) des bois
茶	chá	thé (m)
茶匙	chá chí	petite cuillère (f)
朝鲜蓟	cháo xiǎn jì	artichaut (m)
橙子	chén zi	orange (f)
橙盖牛肝菌	chéng gài niú gān jūn	bolet (m) orangé
橙子汁	chéng zi zhī	jus (m) d'orange
叉，餐叉	chā, cān chā	fourchette (f)
大蒜	dà suàn	ail (m)
大西洋鲑	dà xī yáng guī	saumon (m) atlantique
大馅饼	dà xiàn bǐng	gâteau (m)
大麦	dàmài	orge (f)
蛋白	dàn bái	blanc (m) d'œuf
蛋白质	dàn bái zhì	protéines (f pl)
蛋黄	dàn huáng	jaune (m) d'œuf
蛋黄酱	dàn huáng jiàng	sauce (f) mayonnaise
淡啤酒	dàn píjiǔ	bière (f) blonde
蛋糕	dàngāo	tarte (f)

豆子	dòu zi	fèves (f pl)
杜松子酒	dù sōng zǐ jiǔ	gin (m)
毒蘑菇	dú mógu	champignon (m) vénéneux
毒蕈	dú xùn	oronge (f) verte
刀，刀子	dāo, dāo zi	couteau (m)
丁香	dīng xiāng	clou (m) de girofle
调味品	diào wèi pǐn	condiment (m)
碟子	dié zi	soucoupe (f)
覆盆子	fù pén zi	framboise (f)
伏特加	fú tè jiā	vodka (f)
服务员	fú wù yuán	serveur (m)
番红花	fān hóng huā	safran (m)
番茄汁	fān qié zhī	jus (m) de tomate
鲱鱼	fēi yú	hareng (m)
蜂蜜	fēng mì	miel (m)
法国白兰地	fǎguó báilándì	cognac (m)
葛缕子	gélǚ zi	cumin (m)
肝	gān	foie (m)
干的	gān de	sec (adj)
橄榄	gǎn lǎn	olives (f pl)
橄榄油	gǎn lǎn yóu	huile (f) d'olive
狗鱼	gǒu yú	brochet (m)
谷类作物	gǔ lèi zuò wù	céréales (f pl)
谷粒	gǔ lì	gruau (m)
谷物	gǔ wù	grains (m pl)
罐头食品	guàn tou shí pǐn	conserves (f pl)
瓜，甜瓜	guā, tián guā	melon (m)
鲑鱼	guī yú	saumon (m)
果冻	guǒ dòng	confiture (f)
果酱	guǒ jiàng	confiture (f)
果汁	guǒzhī	jus (m)
汉堡	hàn bǎo	hamburger (m)
蛤蟆菌	há má jùn	amanite (f) tue-mouches
褐疣柄牛肝菌	hè yóu bǐng niú gān jūn	bolet (m) bai
核桃	hé tao	noix (f)
红醋栗	hóng cù lì	groseille (f) rouge
红茶	hóng chá	thé (m) noir
红菇	hóng gū	russule (f)
红辣椒粉	hóng là jiāo fěn	poivre (m) rouge
红甜椒粉	hóng tián jiāo fěn	paprika (m)
胡椒，辣椒	hú jiāo, là jiāo	poivron (m)
胡萝卜	hú luó bo	carotte (f)
黑醋栗	hēi cù lì	cassis (m)
黑胡椒	hēi hú jiāo	poivre (m) noir
黑咖啡	hēi kāfēi	café (m) noir
黑麦	hēi mài	seigle (m)
黑莓	hēi méi	mûre (f)
黑啤酒	hēi píjiǔ	bière (f) brune
海鲜	hǎi xiān	fruits (m pl) de mer
海枣	hǎi zǎo	datte (f)
华夫饼干	huá fū bǐng gān	gaufre (f)

黄豆	huáng dòu	soja (m)
黄瓜	huáng guā	concombre (m)
黄油	huáng yóu	beurre (m)
茴芹	huí qín	anis (m)
回味，余味	huí wèi, yú wèi	arrière-goût (m)
花生	huā shēng	cacahuète (f)
火鸡	huǒ jī	dinde (f)
火腿	huǒ tuǐ	jambon (m)
橘子	jú zi	mandarine (f)
鸡蛋	jī dàn	œuf (m)
鸡蛋	jī dàn	les œufs
鸡肉	jī ròu	poulet (m)
鸡尾酒	jī wěi jiǔ	cocktail (m)
鸡油菌	jī yóu jūn	girolle (f)
鸡蛋饼	jīdàn bǐng	omelette (f)
金枪鱼	jīn qiāng yú	thon (m)
芥末	jiè mo	moutarde (f)
加冰的	jiā bīng de	avec de la glace
煎蛋	jiān dàn	les œufs brouillés
姜	jiāng	gingembre (m)
浆果	jiāng guǒ	baie (f)
浆果	jiāng guǒ	baies (f pl)
加牛奶的咖啡	jiāniúnǎide kāfēi	café (m) au lait
酒吧	jiǔ bā	bar (m)
酒杯	jiǔ bēi	verre (m) à vin
酒保	jiǔ bǎo	barman (m)
酒单	jiǔ dān	carte (f) des vins
咖啡	kāfēi	café (m)
开罐器	kāi guàn qì	ouvre-boîte (m)
开胃菜	kāi wèi cài	hors-d'œuvre (m)
开胃酒	kāi wèi jiǔ	apéritif (m)
开心果	kāi xīn guǒ	pistaches (f pl)
可食的蘑菇	kěshíde mógu	champignon (m) comestible
卡布奇诺	kǎ bù jī nuò	cappuccino (m)
卡路里	kǎlùlǐ	calorie (f)
烤肉	kǎo ròu	rôti (m)
口条	kǒu tiáo	langue (f)
口香糖	kǒu xiāng táng	gomme (f) à mâcher
苦艾酒	kǔ ài jiǔ	vermouth (m)
苦的	kǔ de	amer (adj)
矿泉水	kuàng quán shuǐ	eau (f) minérale
辣根汁	là gēn zhī	raifort (m)
腊肉	là ròu	bacon (m)
梨	lí	poire (f)
龙虾	lóng xiā	langoustine (f)
芦笋	lú sǔn	asperge (f)
鲈鱼	lú yú	perche (f)
冷冻的	lěng dòng de	congelé (adj)
冷的	lěng de	froid (adj)
朗姆酒	lǎng mǔ jiǔ	rhum (m)
李子	lǐ zi	prune (f)

鲤鱼	lǐyú	carpe (f)
绿茶	lǜ chá	thé (m) vert
炼乳	liàn rǔ	lait (m) condensé
烈酒	liè jiǔ	boissons (f pl) alcoolisées
猎物	liè wù	gibier (m)
罗勒	luó lè	basilic (m)
螺旋 拔塞器	luóxuán básāiqì	tire-bouchon (m)
麦片粥	mài piàn zhōu	bouillie (f)
蔓菁	mán jing	navet (m)
鳗鱼，鳝鱼	mán yú, shàn yú	anguille (f)
芒果	máng guǒ	mangue (f)
猕猴桃	mí hóu táo	kiwi (m)
蘑菇	mógu	champignon (m)
木瓜	mù guā	papaye (f)
美味的	měi wèi de	bon (adj)
美味牛肝菌	měi wèi niú gān jūn	cèpe (m)
米	mǐ	riz (m)
牡蛎	mǔ lì	huître (f)
面包	miàn bāo	pain (m)
面包屑	miàn bāo xiè	miette (f)
面粉	miàn fěn	farine (f)
面条	miàn tiáo	nouilles (f pl)
南瓜	nán guā	potiron (m)
柠檬	níng méng	citron (m)
柠檬水	níng méng shuǐ	limonade (f)
奶酪	nǎi lào	fromage (m)
奶昔	nǎi xī	cocktail (m) au lait
奶油	nǎi yóu	crème (f)
女服务员	nǚ fú wù yuán	serveuse (f)
鲶鱼	nián yú	silure (m)
牛奶	niú nǎi	lait (m)
牛排	niú pái	steak (m)
牛肉	niú ròu	du bœuf
欧洲甜樱桃	oūzhōu tián yīngtáo	merise (f)
盘子	pán zi	assiette (f)
螃蟹	páng xiè	crabe (m)
配菜	pèi cài	garniture (f)
皮	pí	peau (f)
啤酒	píjiǔ	bière (f)
苹果	píng guǒ	pomme (f)
瓶起子	píng qǐ zi	ouvre-bouteille (m)
葡萄	pú tao	raisin (m)
葡萄柚	pú tao yòu	pamplemousse (m)
葡萄干	pútao gān	raisin (m) sec
烹饪法	pēng rèn fǎ	recette (f)
汽水	qì shuǐ	pétillante (adj)
芹菜	qín cài	céleri (m)
青菜	qīng cài	verdure (f)
清凉饮料	qīng liáng yǐn liào	rafraîchissement (m)
清汤	qīng tāng	bouillon (m)
鲭鱼	qīng yú	maquereau (m)

请慢用!	qǐng màn yòng!	Bon appétit!
荞麦	qiáo mài	sarrasin (m)
茄子	qié zi	aubergine (f)
球芽甘蓝	qiú yá gān lán	chou (m) de Bruxelles
巧克力	qiǎo kè lì	chocolat (m)
巧克力的	qiǎo kè lì de	en chocolat (adj)
人造奶油	rénzào nǎi yóu	margarine (f)
日常饮食	rì cháng yǐn shí	régime (m)
肉	ròu	viande (f)
肉饼	ròu bǐng	boulette (f)
肉桂	ròu guì	cannelle (f)
乳脂	rǔ zhī	crème (f) au beurre
软性饮料	ruǎn xìng yǐn liào	boisson (f) non alcoolisée
四季豆	sì jì dòu	haricot (m)
素的	sù de	végétarien (adj)
素食者	sù shí zhě	végétarien (m)
粟，小米	sù, xiǎo mǐ	millet (m)
速溶咖啡	sùróng kāfēi	café (m) soluble
三明治	sān míng zhì	sandwich (m)
苏打 …	sū dá …	gazeuse (adj)
勺子	sháo zi	cuillère (f)
莳萝	shì luó	fenouil (m)
石榴	shí liú	grenade (f)
食物	shí wù	nourriture (f)
沙丁鱼	shā dīng yú	sardine (f)
沙拉	shā lā	salade (f)
鲨鱼	shā yú	requin (m)
生菜，莴苣	shēng cài, wō jù	laitue (f), salade (f)
蔬菜	shū cài	légumes (m pl)
水	shuǐ	eau (f)
水果	shuǐ guǒ	fruit (m)
水萝卜	shuǐ luó bo	radis (m)
穗	suì	épi (m)
碎牛肉	suì niú ròu	farce (f)
酸果酱	suān guǒ jiàng	marmelade (f)
酸奶	suān nǎi	yogourt (m)
酸奶油	suān nǎi yóu	crème (f) aigre
碳水化合物	tàn shuǐ huà hé wù	glucides (m pl)
烫的	tàng de	chaud (adj)
糖	táng	sucre (m)
糖果	táng guǒ	bonbon (m)
桃子	táo zi	pêche (f)
兔肉	tù ròu	lapin (m)
汤	tāng	soupe (f)
汤匙	tāng chí	cuillère (f) à soupe
通心粉	tōng xīn fěn	pâtes (m pl)
土豆	tǔ dòu	pomme (f) de terre
土豆泥	tǔ dòu ní	purée (f)
甜的	tián de	sucré (adj)
甜点心	tián diǎn xīn	dessert (m)
甜酒	tián jiǔ	liqueur (f)

甜菜	tiáncài	betterave (f)
调味汁	tiáo wèi zhī	sauce (f)
味道	wèi dào	goût (m)
胃口	wèi kǒu	appétit (m)
维生素	wéi shēng sù	vitamine (f)
无花果	wú huā guǒ	figue (f)
无气的	wú qì de	plate (adj)
豌豆	wān dòu	pois (m)
威士忌酒	wēi shì jì jiǔ	whisky (m)
晚餐	wǎn cān	dîner (m)
午饭	wǔ fàn	déjeuner (m)
杏仁	xìng rén	amande (f)
杏子	xìng zi	abricot (m)
鲟鱼	xú nyú	esturgeon (m)
西瓜	xī guā	pastèque (f)
西红柿	xī hóng shì	tomate (f)
西葫芦	xī hú lu	courgette (f)
西蓝花	xī lán huā	brocoli (m)
新鲜果汁	xīnxiān guǒzhī	jus (m) pressé
熏火腿	xūn huǒ tuǐ	cuisse (f)
熏烤的	xūn kǎo de	fumé (adj)
馅	xiàn	garniture (f)
向日葵油	xiàng rì kuí yóu	huile (f) de tournesol
咸的	xián de	salé (adj)
虾，小虾	xiā, xiǎo xiā	crevette (f)
香槟	xiāng bīn	champagne (m)
香肠	xiāng cháng	saucisson (m)
香蕉	xiāng jiāo	banane (f)
香料	xiāng liào	épice (f)
小蛋糕	xiǎo dàngāo	gâteau (m)
小费	xiǎo fèi	pourboire (m)
小灌肠	xiǎo guàn cháng	saucisse (f)
小红莓	xiǎo hóng méi	canneberge (f)
小麦	xiǎo mài	blé (m)
小牛肉	xiǎo niú ròu	du veau
鳕鱼	xuě yú	morue (f)
燕麦	yàn mài	avoine (f)
牙签	yá qiān	cure-dent (m)
盐，食盐	yán, shí yán	sel (m)
洋白菜	yáng bái cài	chou (m)
洋葱	yáng cōng	oignon (m)
羊肚菌	yáng dǔ jùn	morille (f)
羊肉	yáng ròu	du mouton
意大利面条	yì dà lì miàn tiáo	spaghettis (m pl)
油煎的	yóu jiān de	frit (adj)
油酥面饼	yóu sū miàn bǐng	confiserie (f)
鱿鱼	yóu yú	calamar (m)
玉米	yù mǐ	maïs (m)
玉米	yù mǐ	maïs (m)
玉米片	yù mǐ piàn	pétales (m pl) de maïs
鱼	yú	poisson (m)
鱼子酱	yúzǐ jiàng	caviar (m)

鸭子	yā zi	canard (m)
椰子	yē zi	noix (f) de coco
一份	yī fèn	portion (f)
一块	yī kuài	morceau (m)
一片	yī piàn	tranche (f)
樱桃	yīngtáo	cerise (f)
饮用水	yǐn yòng shuǐ	eau (f) potable
芫荽	yuán suī	coriandre (m)
月桂叶	yuè guì yè	feuille (f) de laurier
越橘	yuè jú	myrtille (f)
越橘	yuè jú	airelle (f) rouge
鳟鱼	zūn yú	truite (f)
早饭	zǎo fàn	petit déjeuner (m)
账单	zhàng dān	addition (f)
植物油	zhí wù yóu	huile (f) végétale
榛子	zhēn zi	noisette (f)
脂肪	zhī fáng	lipides (m pl)
芝麻	zhī ma	sésame (m)
猪肉	zhū ròu	du porc
猪油	zhū yóu	lard (m)
煮熟的	zhǔ shóu de	cuit à l'eau (adj)

www.ingramcontent.com/pod-product-compliance
Lightning Source LLC
LaVergne TN
LVHW051301080426
835509LV00020B/3101